Rituais e Cerimônias para o Dia-a-Dia

Práticas de Magia

Lorna St. Aubyn

Rituais e Cerimônias para o Dia-a-Dia

Práticas de Magia

Tradução:
Surya Scapin Vaz de Oliveira

MADRAS

Do original: *Everyday Rituals and Ceremonies.*
© by Lorna St Aubyn
Editora: Judy Piatkus Publishers Ltd.
Tradução autorizada do inglês.
Direitos exclusivos para todos os países de língua portuguesa.
© 2000, by Madras Editora Ltda.

Editor:
Wagner Veneziani Costa

Produção e Capa:
Equipe Técnica Madras

Ilustração da Capa:
Renata Guedes Pacces

Ilustrações Internas:
Ricardo Ribeiro Machado

Revisão:
Isabel Ribeiro
Patrícia Pappalardo

Tradução:
Surya Scapin Vaz de Oliveira

ISBN 85-7374-313-1

Proibida a reprodução total ou parcial desta obra, de qualquer forma ou por qualquer meio eletrônico, mecânico, inclusive por meio de processos xerográficos, sem permissão expressa do editor (Lei nº 9.610, de 19.02.98).

Todos os direitos da língua portuguesa desta edição reservados pela

MADRAS EDITORA LTDA.
Rua Paulo Gonçalves, 88 — Santana
02403-020 — São Paulo — SP
Caixa Postal 12299 — CEP 02098-970
Tel.: (0_ _ 11) 6959.1127 — Fax: (0_ _ 11) 6959.3090
http://www.madras.com.br

Para Le Plan, Diane e Trish.

Índice

A NECESSIDADE DE RITUAL 9

FAZENDO RITUAIS 15

RITUAIS PARA OS ESTÁGIOS DA VIDA 29
    Introdução aos rituais 29
    Atingindo a puberdade 31
    Primeira menstruação 36
    Casamento 40
    Cerimônia de batismo 44
    Filhos saindo de casa 48
    Divórcio 53
    Menopausa 58
    Tornando-se sogro 62
    Aposentadoria 67
    Morte 1 71
    Morte 2 74

RITUAIS PARA SUA JORNADA ESPIRITUAL 77
    Introdução aos rituais 77
    Encarnação 1 78
    Encarnação 2 84
    Tomando o seu poder 87
    Religando-se à Fonte 90
    Encontrando o grupo da sua alma 93
    Lembrando-se de você 96

RITUAIS PARA EVENTOS TRAUMÁTICOS 99
    Introdução aos rituais 99
    Estupro 101
    Incesto e abuso infantil 107
    Antes de submeter-se a uma cirurgia 113
    Aborto, do ponto de vista da mãe 116
    Aborto, do ponto de vista do pai 120
    Uma tragédia pública 123
    A morte de um animal 128
    Um roubo 131

RITUAIS PARA NOVOS COMEÇOS 135
    Introdução aos rituais 135
    Terminando uma terapia 136
    O fim de uma doença 140
    Deixando uma empresa 144
    Fazendo planos de Ano Novo 147
    Um aniversário 150
    Começando um projeto novo 153

RITUAIS PARA A CURA DOS CHAKRAS 157
    Introdução aos rituais 157
    Abrindo e fechando os chakras 161
    Cura para os chakras 162
    O chakra básico 165
    O chakra sacro 169
    O chakra do plexo solar 172
    O chakra cardíaco 174
    O chakra laríngeo 177
    O chakra frontal 180
    O chakra coronário 182
    O mapeamento do seu sistema de chakras 184
    Corrigindo chakras desequilibrados 1 185
    Corrigindo chakras desequilibrados 2 188

A Necessidade de Ritual

Tudo no Universo se move com harmonia e em ciclos; a mudança das estações, o nascimento e a morte de galáxias, até nosso próprio senso de quem somos de verdade. Por milhares de anos nossos ancestrais tiveram consciência de vida e morte como um fluxo contínuo. Compreendiam que era importante marcar os ciclos de renovação — como solstícios e equinócios, por exemplo — e acreditavam que fazendo isso ajudavam o cosmos a crescer e mudar. Não encaravam a vida como garantida; eles a honravam.

O ritual, então, vem de tempos pagãos quando a Deusa-Mãe Terra era adorada como símbolo do nascimento, crescimento, morte e regeneração, e a vida era vista como sendo interligada em todos os níveis. A Terra estava ligada ao Universo como parte de um organismo vivo; o que afetava a alguém, afetava a todos, e o ritual era considerado uma forma de recrutar as outras partes do todo para fortalecer e proporcionar mudanças na comunidade.

A tradição do mundo Ocidental de uma Deusa-Mãe Terra, com o tempo, acabou dando caminho para a base religiosa de um Deus-Pai e, desde então, nosso senso de ser parte do cosmos e de participar dessa evolução se perdeu. Um sentimento de separação surgiu. Nosso conhecimento de mágica e mistério desapareceu. Nosso respeito pela Terra como parte de nós foi deixado de lado e começamos a explorar e abusar dela.

Hoje, o ritual está quase desaparecido da sociedade Ocidental. Nos Estados Unidos, por exemplo, a Igreja continua observando seu calendário de cerimônias como o Festival da Colheita ou o Domingo de *Rogation*; mas à medida que sua influência diminui, cada vez menos pessoas participam desses rituais. Na vida de muitas pessoas, o único marco importante, ou rito a ser observado, é o seu funeral. Outros eventos maiores de todos os tipos permanecem desconhecidos; sem ciclos definidos. Em vez de celebrar começos, términos e pontos de transição, vagamos pelos anos arrastando conosco pedaços do passado que deveriam, sem dúvida, ter sido enterrados; o que, por sua vez, nos impede de chegar ao futuro com o coração inteiro.

Nesse tempo de crise aparente precisamos, mais do que nunca, de rituais. Eles são tão importantes para nós quanto foram para nossos ancestrais. Os ciclos básicos de nossas vidas não mudaram, assim como os medos e as doenças que nos cercam. Pelo contrário, acrescentamos muito a eles.

Voltar a fazer rituais é um caminho para reabilitar uma crença na ligação de toda a vida. Na sociedade de hoje, muitas pessoas têm uma sensação de separação e isolamento; para muitas, há um importuno sentimento de que deve haver algo mais na vida. Os rituais podem nos ajudar a ver que somos parte de algo maior, parte de uma terra viva e que respira. Podem nos dar o sentimento de unidade, segurança e de apoio em um mundo de dificuldades crescentes. Podemos, mais uma vez, começar a sentir o sagrado no ordinário, o que pode dar a profundidade e o sentimento que, tão freqüentemente, estão faltando em nossas vidas.

Praticar rituais requer coragem, visão, humor, criatividade e, acima de tudo, que acreditemos em nossa capacidade para modificarmo-nos e aos nossos valores. Mas isso pode ser mais recompensador, pois ajuda-nos a olhar para alguma coisa maior do que nós mesmos, que pode ser chamada de Deus ou de força universal, preocupada com nosso bem-estar, e a ligarmo-nos a ela. Permite que nos reconectemos com o mistério da vida e ajuda-nos a sentir e a compreender as forças não-visíveis que trabalham em níveis sutis e são filtradas para o nosso mundo, e assim nos tornaremos, novamente, unos com a Terra e o cosmos. Recuperaremos a sensação de equilíbrio dentro de nós e de nosso mundo.

Quais são os rituais necessários para hoje?

Para quais eventos os rituais são necessários hoje? Quem deve fazê-los? E como podemos impedir que eles percam seu significado e efeito tornando-se muito estilizados e impessoais?

Todos os principais estágios da vida precisam ser claramente marcados: puberdade, casamento, menopausa, morte e assim por diante. Além disso, muitas situações, como a aposentadoria, que não existiam em sociedades mais simples, agora precisam ser reconhecidas. Eventos particulares de nossa própria história de vida agora também precisam ser colocados para fora. Completar uma terapia ou lidar com um aborto podem entrar nessa categoria.

Outra área que, tradicionalmente, não tem sido tratada por meio de rituais, mas que pode ser consideravelmente clarificada por eles, são os eventos como sair de um emprego ou ser roubado. Sentimentos de alegria, de conquista e poder podem ser todos resultantes de se observar os eventos significativos em nossas vidas com o ritual adequado. Isso também pode nos dar um valioso tempo para contemplação que, tão comumente, está faltando em nossas vidas tão ocupadas.

Quem deve fazer um ritual?

A questão de quem deve fazer um ritual marca uma das grandes divisões entre o passado e o presente. Na sociedade tribal apenas o xamã — o curandeiro — podia mediar por suas pessoas; na tradição cristã esse papel foi dado ao sacerdote. As demais pessoas formavam a audiência, o aspecto popular, e nunca foram os iniciadores. Também é simples supor que todos na comunidade tenham as mesmas necessidades. Mas como as energias da Era de Aquário, que estão entrando agora, se fazem sentir, as necessidades dos indivíduos não são mais percebidas como idênticas e a auto-expressão não pode mais ser reprimida. Esta será a era da harmonia, mas da harmonia pela diversidade mais do que pela igualdade.

Esta tendência, tão inerente aos próximos dois mil anos, mais o fato de vivermos em uma sociedade mais complexa, requer uma forma muito mais flexível de ritual. O papel de líder, uma vez nas mãos do xamã ou do sacerdote, está gradualmente sendo assumido por leigos ou grupos deles. Embora os rituais estabelecidos de batismo, casamento e velório continuem dando muita força e conforto, muitas pessoas estão achando cada vez mais difícil aceitar velhas formas que são realizadas dentro dos padrões de uma religião em particular. Eventos como casamentos e velórios têm se tornado personalizados de tal forma que seria inimaginável pouco tempo atrás. Mais e mais pessoas estão optando por criar suas próprias cerimônias.

Fazendo Rituais Pessoais

Realizando, e às vezes até criando, nossos próprios rituais, podemos impedi-los de se tornarem impessoais e, assim, perderem seu significado. Com isso em mente, as cerimônias descritas neste livro são para ser consideradas como sugestões mais do que como formas inflexíveis. Podem ser adaptadas para concordarem com o simbolismo, língua e gostos de cada pessoa. Apenas a filosofia básica e a intenção por trás de cada ritual devem ser mantidas.

Você pode, por exemplo, fazer um ritual sozinho, se a presença de outras pessoas lhe envergonhar, ou então fazê-lo com amigos. Pode realizá-lo fisicamente ou apenas trabalhar em sua imaginação. As mesmas possibilidades se aplicam aos adereços que for usar. A música, por exemplo, é um acompanhamento comum em sua vida, ela pode enriquecer muito o ritual; mas se sua presença parecer forçada é melhor não usá-la.

Por que os rituais funcionam?

Esta questão é mais fácil de ser respondida à medida que ficamos mais familiarizados com o conceito do inconsciente e sua linguagem. Tanto rituais quanto símbolos falam sua língua e, portanto, comunicam-se conosco em um nível muito mais profundo do que poderíamos conseguir — ou mesmo imaginar — com nossa mente consciente. Por mais sincera que possa ser, uma declaração feita na vida diária tem uma força muito pequena se comparada a uma feita durante um ritual de sucesso, por exemplo, quando nossa mente, subconsciente e consciente e nossa vontade estão trabalhando juntos. Por meio do ritual criamos uma atmosfera especial e sagrada. Invocamos a ajuda do nosso Anjo Guardião, dos nossos espíritos-guia e auxiliadores (ver p. 23) que nos dão poder para conseguirmos resultados além dos que normalmente esperaríamos. Somos capazes de entrar na enorme força do Universo.

Em um casamento, por exemplo, quando duas famílias se unem, quando tradições especiais foram seguidas e realizou-se uma agradável cerimônia familiar, os votos trocados têm poderes infinitamente maiores do que se fosse apenas uma declaração de intenção em meio a uma conversa. Nem precisa dizer que qualquer ritual empreendido pelas razões erradas pode trazer danos consideráveis e bem pode contra-atacar aqueles que o fizeram. Mas com a intenção correta e uma atitude de amor e gratidão, podemos ver além do racional e nos modificarmos profundamente. Tudo se torna possível.

Fazendo os Rituais

Neste capítulo estão as instruções comuns para todos os rituais do livro. Por favor, certifique-se de tê-lo lido antes de iniciar qualquer cerimônia.

Quando fazer seu ritual

Em alguns rituais, o momento de fazê-los é óbvio. Outros simplesmente devem ser feitos quando você se sentir pronto para isso, ou seja, quando for capaz de abandonar ou de adotar qualquer coisa que seja necessária para mudar e seguir em frente. Isso pode acontecer bastante tempo depois de um evento importante. Uma mulher poderia, por exemplo, chegar aos sessenta antes de se sentir preparada para fazer um ritual em relação a um aborto que fez quando tinha trinta anos. Pode demorar todo esse tempo — e, mesmo assim, talvez só com a ajuda de um terapeuta — para reconhecer a influência que o evento teve na sua vida e permitir-se criar o ritual necessário para sua paz mental.

O dia e horário certos para o ritual podem variar muito. Alguns deles podem ser totalmente espontâneos — a pessoa certa irá, de repente, estar lá para ajudá-lo no que for preciso. Em outras circunstâncias, você poderá querer gastar o dia todo meditando, fazendo o ritual e, até mesmo, celebrando a sua conclusão. Já outros rituais podem precisar ser feitos em duas ou três partes durante um certo tempo e, nestes casos, uma cuidadosa organização com seus colaboradores será necessária. Em um ritual de aborto, por exemplo, os pais poderiam querer manter em suas mentes um símbolo representando o bebê por uma ou duas semanas antes do ritual. Esse símbolo poderia ser um brinquedo ou uma pequena almofada, possivelmente uma comprada especialmente para isso. Durante esse período deverá haver um profundo trabalho honrando a memória da criança e, apenas quando o pai estiver realmente preparado para dar um nome à criança, o ritual acontecerá.

Preparação

    Uma profunda preparação para um ritual é tão importante quanto o próprio fato. Antes de começar, certifique-se de ter reservado tempo suficiente e de que não será incomodado. Qualquer forma de ansiedade poderá fazê-lo perder a concentração e, assim, diminuir a eficácia do que estiver fazendo. Primeiro, relaxe completamente.
    Também é muito importante estar totalmente familiarizado com o procedimento do ritual antes de começá-lo. Qualquer hesitação ou pergunta sussurrada durante o curso do ritual irá diminuir em muito o seu poder. Uma lista de instruções é dada com cada ritual: memorize-a ou copie-a em um papel que caiba na palma da sua mão; e para alguns rituais mais complicados, há um desenho mostrando a posição dos participantes.
    Sempre que, em um ritual, você tiver de fazer uma declaração grande e difícil, seja um resumo do passado ou uma intenção para o futuro, procure carregar com você, por dois ou três dias antes da cerimônia, um pedaço de papel no qual possa anotar rapidamente suas idéias — isso ajuda muito. Esse monólogo entrará em seu

subconsciente, evocando respostas que, sozinho, tinha dificuldade de se conscientizar, e o colocará, de maneira muito eficaz, em um estado mental que conduz a um ritual de sucesso. Geralmente, isso será feito como preparação para sua própria cerimônia, mas em alguns casos pode ser feito para alguém mais jovem ou menos familiarizado com rituais.

Fazendo um círculo ou um quadrado

Todos os rituais precisam de um círculo ou de um quadrado para concentrar a energia necessária para o trabalho. O círculo é a forma mais comum, mas quando se usam símbolos para representar os quatro elementos (veja a seguir), o quadrado se forma naturalmente.

Quando estiver criando o círculo ou o quadrado, muitos estados de espírito ou intenções podem ser manifestados. Se quiser uma impressão nova, bonita, você pode, por exemplo, demarcar a forma com flores; quando um sentimento mais masculino for o apropriado, faça-o com grama seca, sementes ou galhos. Pedras de cores diferentes são outra possibilidade. Uma atmosfera mais mística pode ser criada com velas da cor que expresse o sentimento que quer criar. Você também pode, logicamente, usar uma combinação de qualquer uma das sugestões acima.

Símbolos

Você encontrará símbolos relacionados por todo o livro. Infelizmente, é difícil dar diretrizes precisas sobre isso, pois os símbolos são, por natureza, tanto universais quanto pessoais. Formam uma ligação com alguma coisa maior do que eles próprios e revelam aspectos da realidade que escapam às outras formas de expressão. Uma vela pode, por exemplo, representar o elemento fogo tanto quanto algum aspecto dele particularmente ligado a uma memória específica ou a algum tipo de comportamento. Por outro lado, você pode achar uma vela inadequada para os seus propósitos e preferir usar outro símbolo que seja muito mais evocativo no seu caso. Seu desenho de um incêndio na floresta ou uma fotografia de um prédio em chamas podem expressar, muito melhor do que qualquer símbolo tradicional, seu pavor de ser dominado pela emoção ou medo. Não tenha vergonha de usar qualquer coisa que realmente tenha significado para você, embora possa ser insignificante para os outros.

Os quatro elementos

Além dos símbolos, freqüentemente a referência também é feita diretamente aos quatro elementos: terra, ar, fogo e água. Eles não precisam estar presentes em todos os rituais, mas são comumente pedidos naqueles de natureza mais espiritual, podendo ser representados tanto por simples símbolos, como uma pedra (terra), penas (ar), vela (fogo) e uma jarra de água (água), ou por símbolos mais pessoais. Você também pode dispensar completamente os símbolos e, simplesmente, reconhecer-lhes a presença e pedir-lhes ajuda no momento da sua invocação.

Cada elemento tem qualidades específicas. A terra ajuda a tornar idéias e intenções em realidade, enquanto o ar traz clareza. Onde energias indesejáveis precisam ser consumidas, o fogo é seu melhor aliado. Quando a purificação for requerida, alguma forma de água deve ser predominante. Reciprocamente, quando uma experiência, por si, já for muito emocional a ponto de levar às lágrimas, os outros elementos podem ser usados para equilibrar a situação.

Fazendo mudanças nos rituais

Neste livro, a criatividade em relação aos símbolos e às palavras a serem ditas é incentivada. Diretrizes específicas são, mais uma vez, difíceis de dar porque essas coisas são muito pessoais. Então, não hesite em inventar suas próprias palavras: desde que sejam claras e sinceras, tudo ficará bem.

O importante é não se desviar dos objetivos e procedimentos básicos do ritual, o que poderia enfraquecê-lo ou, até mesmo, destruí-lo. Se você achar que precisará fazer muitas mudanças, deveria considerar a possibilidade de criar um ritual totalmente novo, cujos objetivos e forma mais bem se adaptem às suas necessidades.

Psicodrama e ritual

A diferença fundamental entre ritual e psicodrama é um ponto que se deve ter em mente o tempo todo. Em psicodrama, você está reorganizando uma circunstância particularmente infeliz para trabalhar suas emoções e relações com as outras pessoas envolvidas; porém, em um ritual, este trabalho psicológico já deve ter sido feito. Agora, você está ancorando os resultados. Afirmando o que aconteceu e suas intenções para o futuro, você está puxando junto tudo o que é visível e invisível relacionado com o evento e afirmando que o resultado desejado irá acontecer — de acordo com o estágio em que todos os envolvidos estiverem.

Então, não faça um ritual tão rápido. Se raiva, ressentimento, inveja, ódio ou ciúmes ainda estiverem borbulhando na superfície de forma que não possam ser contidos, espere e trabalhe-os com um terapeuta ou amigo antes de entrar em um ritual.

Deixe clara a sua intenção

É pela intenção que o ritual se torna real e vivo para tudo o que estiver relacionado. Ela pode ser dita em voz alta ou expressa silenciosamente, mediante o uso de um símbolo. Se tiver escolhido esta última, certifique-se de que todos os participantes têm claro o significado do símbolo no contexto.

Rituais são poderosos. Chamam a ajuda de realidades invisíveis com poder para agir conosco e em nosso favor. Isso não é fantasia. Decidindo-se a fazer um ritual, você está se comprometendo em um nível mais profundo e trazendo sua intenção para uma forma material. Rituais funcionam; não é para se brincar com eles.

Encerrando um ritual

A importância de encerrar ou desfazer inteiramente um ritual baseia-se no fato de que sua qualidade sagrada deve durar apenas durante o curso da cerimônia. Uma vez que esteja acabada, agradeça pelas contribuições que lhe foram dadas, tanto pelas energias quanto espaço sagrado utilizado. Essas energias, então, precisam ser liberadas conscientemente. Se fracassar em fazer isso, a sala pode muito bem ficar desconfortável após o ritual. Uma poderosa atmosfera meditativa é imprópria para uma sala na qual é levada a vida diária.

Certifique-se de remover todos os suportes e adereços que utilizou, começando pelo círculo ou quadrado. Pedras, flores, sementes, plumas e conchas podem ser, cerimonialmente, agradecidas e devolvidas ao jardim. Outros objetos devem ser devolvidos à sua posição normal na casa ou descartados.

A questão do "desligamento" ao fim de um ritual também é importante. Os objetos que você usou tiveram um significado especial:

uma almofada pode ter se tornado uma fronteira; uma vassoura, uma árvore... Certifique-se de tê-los desassociado, em sua mente, do que temporariamente significaram. O mesmo se aplica às pessoas que participaram do ritual: uma vez acabado elas devem, conscientemente, abandonar o papel que representaram. Quando tudo tiver terminado, o ambiente deverá estar totalmente neutro.

Abrindo e Fechando os chakras para um ritual

Nós não somos apenas nosso corpo físico; temos muitos outros corpos, entre eles, o etérico, que não podemos ver normalmente. Esses outros corpos são simplesmente diferentes manifestações da energia, aparentemente sólidas, que experimentamos em tudo ao nosso redor. O corpo etérico é um sósia direto do corpo físico, com todas as suas fraquezas e forças. Há movimentos circulares de energia e, onde estes se cruzam mais de perto, é produzido um fluxo de cor. Alguns desses centros de energia, conhecidos como chakras, existem no corpo etérico. Videntes, até agora, concordam que são os sete chakras maiores que constituem nosso principal sistema de energia (veja figura na p. 22). No entanto, explorações recentes sugerem que, conforme novas energias entram no planeta, um maior sistema de energia será requerido e cinco grandes chakras serão, em breve, reconhecidos.

Esses centros de força são os pontos focais através dos quais energias são recebidas para vitalizar o corpo físico.

Quando você está trabalhando de uma forma ritualística, simbólica, é essencial que os chakras estejam abertos e receptivos para receberem energia. É igualmente importante que eles sejam fechados no final do ritual para que não voltem ao mundo diário em um estado super-sensível e vulnerável. Se você não está familiarizado com esse processo, leia "Abrindo e Fechando os Chakras", na p. 161.

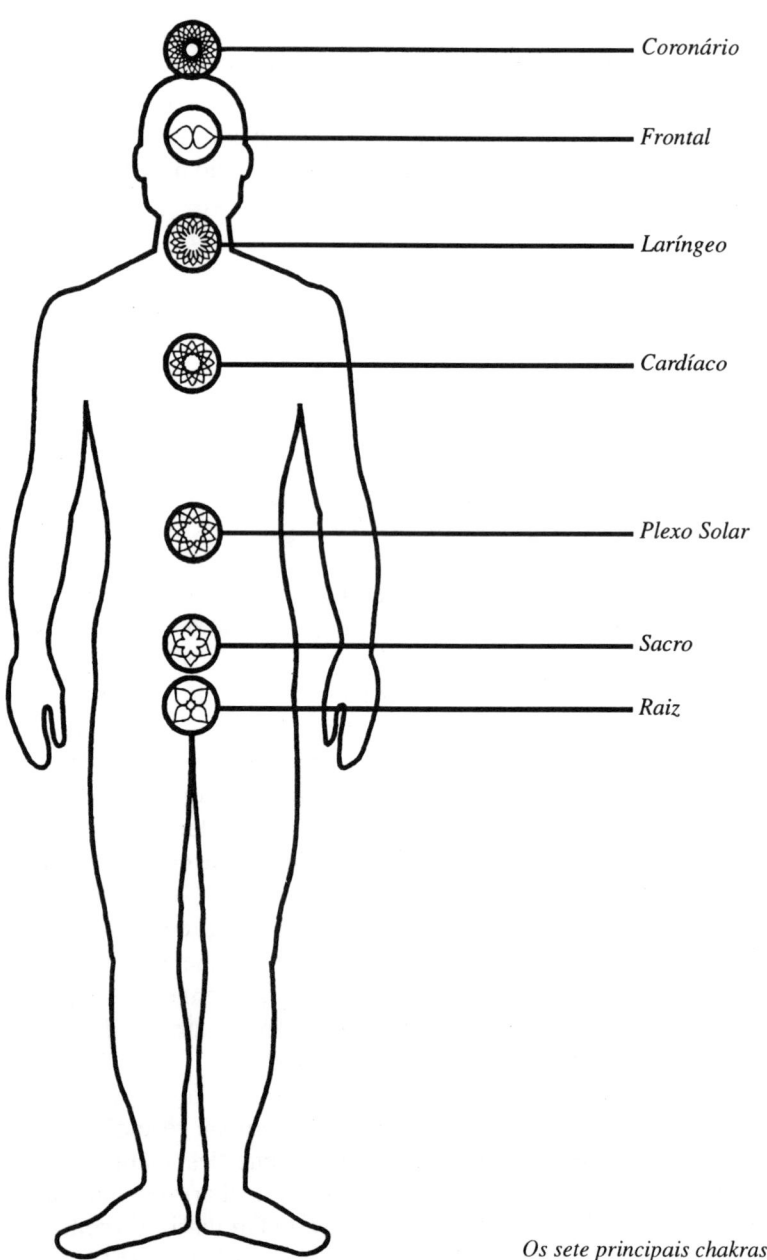

Os sete principais chakras

Os corpos sutis

É por meio do que conhecemos como *nossos corpos sutis* que energias e seres não-visíveis interagem conosco. Ao todo, existem sete corpos, cada um vibrando em uma freqüência crescente. O corpo físico é rodeado pelo astral, por meio do qual registramos nossas emoções. Além disso, e penetrando nos corpos físico, etérico e astral, está o corpo mental. Os dois corpos mais sutis raramente são percebidos ou trabalhados. É graças a esses corpos sutis que nossa mente está naturalmente ligada às grandes dimensões espirituais do universo (veja figura na p. 24).

No ritual "Antes de submeter-se a uma cirurgia", na p. 113, você verá o uso prático dos corpos sutis em um ritual.

Nossos guias e auxiliadores

Somos constantemente assegurados por uma grande variedade de mestres espirituais; se apenas pedirmos, poderemos sinceramente ter ajuda dos reinos superiores. O Anjo Guardião, que é dado a cada um de nós no nosso nascimento, nos ajuda através das várias experiências na vida e está sempre disponível para uma alma desejando força e direção. Oração, meditação e ritual são as formas pelas quais podemos mais facilmente chegar a esses guias e auxiliadores. Para cristãos convictos, freqüentemente tais guias aparecerão como Jesus e Maria; para aqueles de outras religiões, terão nomes diferentes. Outras orientações podem vir a nós de seres humanos que estão desencarnados (seres que estão entre as encarnações). Muitos de nós somos, quase inconscientemente, inspirados por eles.

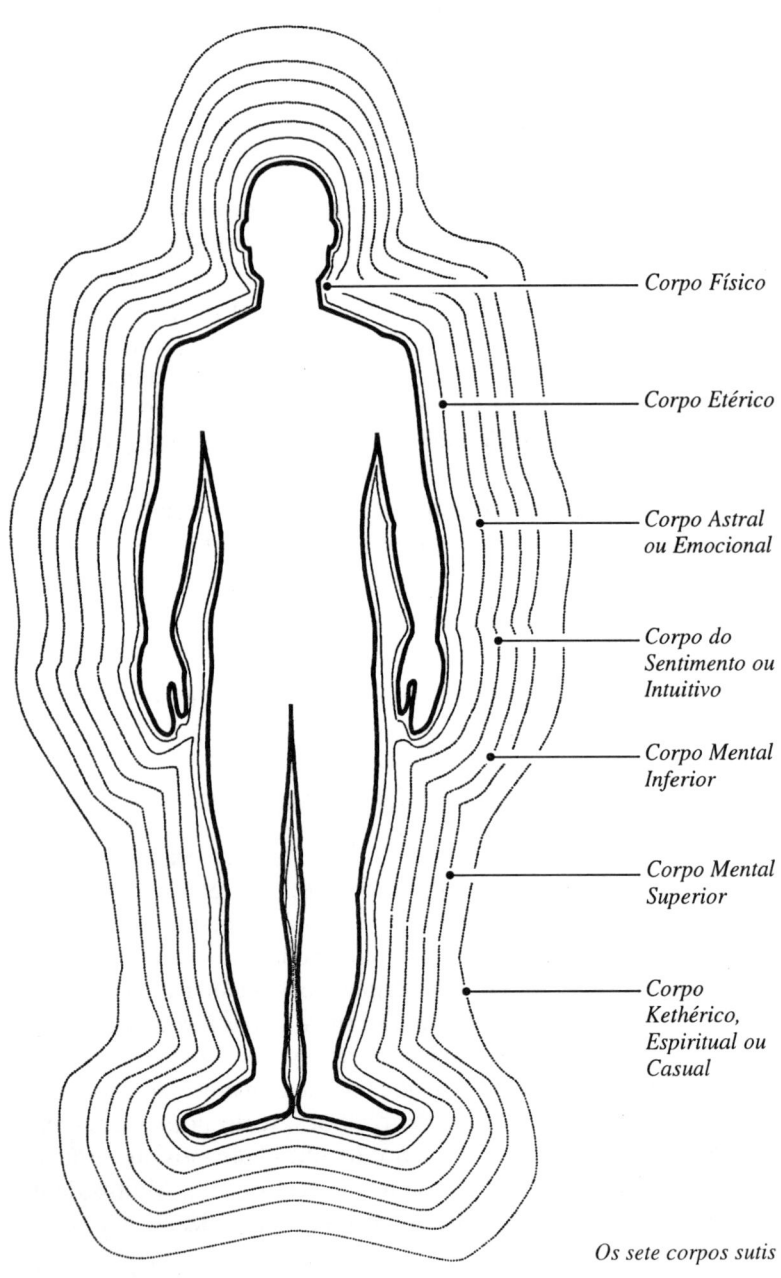

Os sete corpos sutis

Visualização

Alguns dos rituais deste livro são mais "imaginativos" do que outros. Isso requer a capacidade de visualizar, uma técnica freqüentemente usada em terapias porque o inconsciente trabalha por imagens, e os símbolos ou imagens que surgem nos olhos da sua mente falam a linguagem do inconsciente. Portanto, é extremamente útil em qualquer trabalho que se beneficie da participação do inconsciente.

Nem todas as pessoas acham fácil ver imagens mentais, mas a prática funciona muito bem. Como um começo, feche seus olhos e tente imaginar um objeto simples, como uma vela acesa ou um lugar que você conheça bem. Pode ser que precise gastar um certo tempo para ir, gradualmente, dominando visualizações mais abstratas e complicadas.

Repetindo um ritual

Não há regras rígidas sobre a freqüência com que um ritual deve ser feito, mas aqui estão algumas regras gerais. Alguns dos *rituais para novos começos* provavelmente só precisarão ser feitos uma vez, embora outros, como aqueles para aniversários e Ano-Novo, podem ser repetidos anualmente. Os *rituais para os estágios da vida* apenas precisarão ser refeitos se um casamento ou divórcio voltar a acontecer. Mas alguns rituais das outras seções podem, muito bem, precisar de várias tentativas antes de atingir o objetivo. Nos *rituais para sua jornada espiritual*, cada cerimônia será aprofundada à medida que você avançar; inversamente, seu próximo passo adiante será auxiliado por cada um dos rituais. Para os vários eventos traumáticos, você pode querer repetir um ritual quando achar que aumentou o seu distanciamento do fato ou a sensação de perdão tiver dado um grande passo à frente. Se achar os rituais para a cura dos chakras úteis, poderá repeti-los freqüentemente: a saúde e o equilíbrio do seu sistema de chakras são essenciais e precisarão de atenção constante.

Cortando as amarras

Este é um exercício usado para muitas ligações entre duas pessoas ou entre uma pessoa e uma situação. Esta prática é baseada no ensinamento dos Hunas, seita que dizia ter instruído Jesus e cujos poucos sobreviventes são os xamãs dos havaianos. Sua premissa era que, quando experimentamos uma emoção, emitimos "fios akáshicos"[1] através de nosso plexo solar. Há diminutos fios físicos, embora de matéria sutil, que nos ligam a uma pessoa, lugar ou forma-pensamento. Assim, como resultado de nossos sentimentos de amor ou ódio, os fios acabam se tornando cordas que nos amarram. Pelo mesmo princípio, os "grupos de pensamentos", que segundo os videntes são parecidos com cachos de uvas, são formados por padrões de pensamento repetitivos. É quando um relacionamento, uma situação ou modo de pensar, se torna intoleravelmente destrutivo ou sufocante que essas amarras deveriam ser cortadas ou o grupo de pensamentos, quebrado.

Aqui está um bom exercício para conseguir isso.

Imagine-se na margem de um rio que corre rápido. Posicione na margem oposta a pessoa ou a situação da qual quer se libertar. Visualize as cordas ligando qualquer chakra ou chakras envolvidos. Veja-as pulsando com vivacidade, provocando uma troca de energias entre vocês. Declare claramente por que você quer que essas cordas sejam rompidas e peça para elas irem embora. Quando sentir-se seguro

---

1. NOTA DA TRADUTORA: *Fios Akáshicos* são fios de Akasha (matéria sutil ou quinto elemento) que remetem nossas experiências aos registros akáshicos, um arquivo cósmico da trajetória de cada um de nós sobre a Terra, do início ao fim.

de que elas não têm mais poder sobre você, corte-as, com tesouras imaginárias, no seu chakra e no da pessoa ou situação. Veja-as sendo levadas pelas águas em rápido movimento. Visualize uma cruz dentro de um círculo de luz e posicione-a sobre cada chakra envolvido — tanto seu como da outra pessoa ou situação do outro lado do rio. Se você estiver trabalhando com um grupo de pensamentos, use o mesmo método básico: vá, simplesmente, puxando com suavidade os pensamentos, de forma que seus componentes sejam carregados pelo rio.

Depois de um Ritual

A profunda liberação permitida por um ritual pode muito bem ajudá-lo a tomar decisões sobre a sua vida e desencadear em você um novo sentido de propósitos. Isso, por sua vez, pode criar a necessidade de conversar com alguém. Na ausência de um conselheiro ou terapeuta, um amigo de confiança — possivelmente alguém que o tenha assistido no ritual — poderá ajudá-lo a avaliar e integrar a experiência à sua vida diária.

Manter um detalhado diário dos rituais efetuados pode ser extremamente útil. O diário não apenas irá ajudá-lo a ter uma percepção geral, mas também a construir um inestimável conhecimento sobre si mesmo.

Rituais para os Estágios da Vida

Introdução aos rituais

O ritual está prestes a acontecer. Está para trazer algo de novo para nossas vidas ou deixar partir algo que não nos serve mais. Ele marca importantes transições testemunhadas, se possível, pelos outros e nos dá a oportunidade de oferecer algo de nós aos outros. Ajuda a nos sentirmos vistos e ouvidos em um mundo que, geralmente, está muito ocupado para ouvir, bem como nos dá a sensação de segurança em traçar nosso caminho pela vida. O ritual define um período de tempo, tornando consciente o que está acontecendo conosco e ajudando-nos a reconhecer onde estamos na vida.

Os rituais deste capítulo são destinados a nos ajudar através dos vários ritos de passagem — aqueles estágios na vida quando nos movemos de um ciclo para outro. Esses ciclos são determinados por uma mudança em nosso estado civil ou familiar (casamento, batizado, a saída de um filho de casa, divórcio, tornar-se sogro, morte), ou por mudanças físicas (início da puberdade, a primeira menstruação, menopausa), ou pelo término de um ciclo (aposentadoria). Rituais para outras ocasiões que se encaixem em uma dessas categorias podem ser adaptados dos aqui descritos.

O sucesso na mudança de estado civil ou familiar significa terminar um ciclo corretamente antes de começar outro. Se você pára de ser uma esposa por meio de um divórcio, ou de ser mãe de um filho solteiro quando este se casa, está, na verdade, mudando seu papel. Precisa se desvincular do papel anterior para evitar qualquer choque entre os dois. Desse jeito também irá se prevenir de ficar cronicamente nostálgico daquilo que não existe mais. Você será capaz de se mudar totalmente para a nova situação, mesmo se ela for menos agradável do que a anterior.

Nas poucas ocasiões em que uma fase da vida é celebrada em quase todas as religiões (batizado, casamento e morte), é esperado que os novos rituais desempenhem um de dois papéis: reposicionar um rito religioso que não carrega mais significados para o indivíduo ou ser utilizados junto com a cerimônia tradicional. E nas ocasiões onde nenhum rito de passagem é realizado em nossa sociedade (quando um filho sai de casa, quando nos divorciamos, quando nos tornamos sogros), esses rituais chamarão a atenção para os assuntos a que foram consagrados. Em ambos os casos, a coisa mais importante a estabelecer de antemão é, exatamente, o que você quer com a realização do ritual.

Assuntos sexuais agora são discutidos mais abertamente em nossa sociedade e grande parte deles tem importância significativa em nossa saúde psicológica. Não obstante, poderia ser discutido que estamos mais confusos sobre a verdadeira natureza da sexualidade e o seu papel em nossa jornada global da alma como nunca estivemos. Reconhecendo, por meio dos rituais, os estágios biológicos básicos de nossas vidas, podemos trabalhar mais conscientemente com eles. Podemos começar e finalizar cada estágio mais organizadamente, extraindo suas lições e seus prazeres, mas sem confundi-los com aqueles de um ciclo anterior ou posterior. De um ritual aparentemente simples pode surgir um profundo entendimento de como nossas naturezas sexuais — na infância, adolescência, idade adulta e após a menopausa — nos influenciam por completo e precisam ser compreendidas como parte de um processo global do nosso autodesenvolvimento.

No ritual da aposentadoria, tanto a troca de papel como o avanço da idade estão envolvidos. Tornar-se um "pensionista" traz à tona muitas questões interessantes sobre valores, valor pessoal e uso do tempo. Fazer este ritual irá, como esperado, dar uma oportunidade de considerar essas questões criativamente.

Atingindo a puberdade

Na maioria das sociedades, a mudança da infância para a adolescência é reconhecida como um dos eventos mais importantes de nossas vidas. Embora a forma dos rituais seja diferente de uma civilização para outra, a necessidade de celebrar as mudanças físicas e psicológicas que ocorrem na puberdade continua. O fato de a sociedade ocidental não reconhecer esta mudança de maneira formal pode ser desnecessariamente traumático para os adolescentes. Pior de tudo: nos acostumamos tanto com os problemas associados à adolescência que muitos de nós passamos a vê-los como "normais". Mas os jovens precisam se sujeitar a tanta infelicidade, rebeldia e dúvidas pessoais? Aceitamos, embora erroneamente, como inevitáveis muitas das reações deles — reações que, na verdade, têm sido trazidas à tona pela nossa sociedade, nosso sistema educacional e nossa freqüente falta de diretrizes parentais.

Uma das maiores dificuldades em escolher o momento certo para realizar um ritual para a puberdade é que, por um lado, as crianças hoje em dia estão crescendo mais rápido e, por outro, continuam ligadas ao desenvolvimento de seus chakras. O chakra básico, por exemplo, desenvolve-se nos três primeiros anos de vida; o sacro, entre os três e os oito anos; e o plexo solar, entre os oito e os doze anos (para uma explicação completa sobre isso, veja p. 159). Infância e adolescência não estão distantes, bem definidas e separadas uma da outra e, portanto, não há como definir uma idade para se fazer este ritual, já que poderia ser muito cedo para uns e muito tarde para outros. A cerimônia também pode ser sensivelmente adaptada ao indivíduo, para que não pareça muito embaraçante nem tão discreta, a ponto de o participante achar que, na verdade, nada aconteceu.

Outro fato importante a se considerar é que, atualmente, muitas das sociedades ocidentais englobam várias religiões e raças, crenças e tradições. Encontrar a abordagem correta, portanto, nem sempre é fácil. Então, ao criar esta cerimônia em particular, esteja atento e sensível às necessidades individuais do jovem em questão. Esteja preparado para fazer adaptações nas palavras e nos símbolos até que ambas as gerações envolvidas sintam-se à vontade.

O objetivo principal desta cerimônia é declarar que o participante, tendo passado pela infância e chegado à adolescência, encontra-se pronto para entrar em uma nova fase de seu desenvolvimento: a do seu eu-emocional. É um momento muito importante na vida dele. Para não se afogar no mar, potencialmente traiçoeiro, de suas emoções e sexualidade, ele precisa começar de um lugar seguro. Para fazer essa passagem de forma segura ele precisa, enquanto estiver expandindo seu chakra cardíaco, trazer consigo todas as melhores coisas de sua infância enquanto estiver abandonando o, agora impróprio, comportamento infantil. Precisa excitar-se em conhecer-se como uma antessala da idade adulta. Se essa transição puder ser apresentada como uma das muitas progressões naturais já ocorridas na vida dele, as mudanças físicas e emocionais pelas quais passará irão parecer menos alarmantes. Se puder assumir grande responsabilidade, tanto por seu corpo como por seu lugar na sociedade, será poupado de uma grande quantia de ansiedade. Em vez de experimentar as sensações de vergonha e confusão tão comumente ligadas à adolescência, ele pode receber um sentido de autovalor e dignidade, não apenas perante seus olhos, mas também perante os da família.

O Ritual

O ambiente ideal para este ritual são duas salas interligadas, uma das quais com saída para um jardim. Se isso não for possível, use uma sala dividida em três partes, criando "portais" entre cada uma. A infância é a parte 1, o presente está na parte 2, e a adolescência fica na parte 3.

O ritual começa com o adolescente indo para sua cadeira na parte 1. De um dos lados está um símbolo representando a infância da qual está saindo e que deverá ser deixado para trás durante o ritual. Até agora, as necessidades e os comportamentos dessa criança têm sido corretos e aceitáveis, mas, se forem levados para a próxima fase de sua vida, serão completamente inadequados. Do outro lado está um objeto que simboliza os aspectos positivos e alegres de seus primeiros anos. Esta parte segura, aberta e imaginativa irá junto com ele para a adolescência.

A escolha desses dois símbolos deve ser muito bem pensada pelo jovem, sozinho ou com um adulto de confiança. Por meio do primeiro símbolo ele está reconhecendo que esta criança ainda é parte de si — de forma alguma rejeitada —, mas que sua voz não é mais dominante. Um urso de pelúcia ou algum brinquedo adorado poderia representar esses anos. Seu segundo símbolo, provavelmente, seria mais pessoal e abstrato, denotando uma qualidade e suas ambições mais do que um período de tempo. Poderia ser, por exemplo, o lápis com o qual ele desenha ou um pedaço de um equipamento esportivo ou um certificado da escola. Tudo isso exterioriza sua nova consciência de ciclos e o comportamento diferente que é necessário para cada um deles. Se o novo comportamento tiver sido bem preparado pelo anterior, medos e confusões não o dominarão.

Na parte 2, em um semicírculo em frente à cadeira que ele ocupará mais tarde, estão as relações e amigos que o jovem gostaria de manter a partir de agora. O grupo de pessoas pode ir de um amigo a toda a família. Mesmo que suas omissões e inclusões causem dificuldades, ele deve ter total liberdade de escolha. Este é o dia dele; é particularmente importante que esteja cercado pelas pessoas que julga serem as que melhor podem ajudá-lo. A única restrição na escolha é que ninguém seja mais jovem do que ele.

Como esta cerimônia está declarando não apenas uma mudança no relacionamento do jovem consigo mesmo, mas também em sua posição dentro da família, ela deveria, preferivelmente, ser um evento familiar. Mas, se isso for circunstancialmente impossível, os familiares podem ser substituídos por outros adultos.

Agora, um dos mais velhos do semicírculo vai para o portal entre a parte 1 e a parte 2 e convida o jovem a passar da infância para a adolescência. Ele chega, trazendo seus dois símbolos, cruza o portal, curva-se diante do mais velho e coloca no umbral o símbolo de sua infância. O adulto volta ao seu lugar no semicírculo.

O jovem, então, senta-se na cadeira do centro da parte 2, ainda carregando consigo o segundo símbolo. Um por um, os adultos vêm até ele e o saúdam com um beijo, uma curvatura, aperto de mão ou o que quer que pareça adequado. O importante é que fique claro, para eles e para o jovem, que agora eles o reconhecem como um adolescente. Ele fez sua declaração de que não mais agirá como criança; eles, por sua vez, não o tratarão mais como criança.

Se algum deles quiser dizer ou dar alguma coisa para ele, como um anel de família, uma Bíblia ou um relógio, este é um bom momento para se fazer isso. Por sua vez, o jovem deve agradecer sua família por sua infância ou fazer algumas declarações sobre sua nova posição. Algumas palavras neste momento irão ajudar a fundamentar as mudanças que estão acontecendo, mas muita conversa será contraproducente. O poder do ritual mora na simplicidade.

Da parte 2 o jovem vai para a parte 3, ainda carregando seu símbolo e também os presentes que tiver recebido. Os adultos continuam em seu semicírculo. Após sentar na parte da adolescência por alguns minutos, para adaptar-se a sua nova posição, o jovem sai pela porta que não o leva de volta para a família. Agora ele tem seu apoio total, mas também é uma pessoa por si só.

Os convidados saem pela outra porta. O oficiante mais velho recolhe o símbolo da infância do jovem e o dispõe da forma como tinha sido anteriormente combinado com ele.

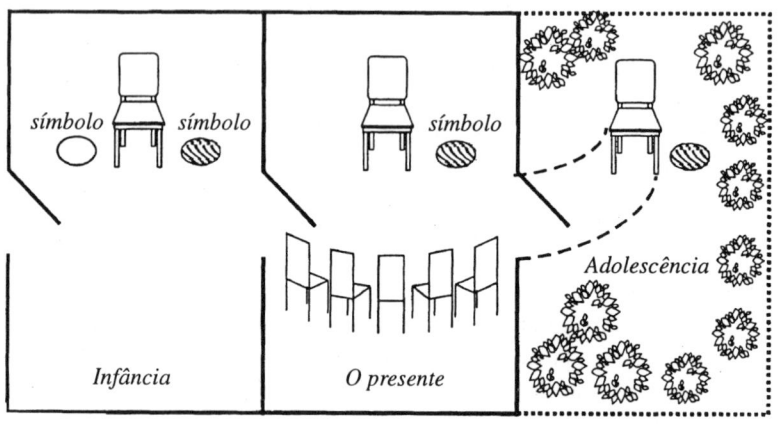

Cenário para o ritual de atingir a puberdade

Preparação

Isso é para ser feito pelo jovem com um adulto que ele escolher. Encontre um símbolo para o que deve ser deixado para trás e outro para o que é para ser levado adiante.

Divida o espaço disponível em três partes, deixando uma passagem entre cada uma delas.

Coloque uma cadeira no centro de cada parte.
Na parte 2, faça, em frente da cadeira central, um semicírculo de cadeiras para os convidados.
De cada lado da cadeira na parte 1, coloque os dois símbolos do jovem.
Decore as três partes da forma que achar apropriada, diferenciando-as cuidadosamente.

Recapitulando

- O jovem vai para a parte 1 e senta-se.
- Os convidados sentam-se no semicírculo na parte 2, junto com seus presentes, se for o caso.
- Após alguns minutos de silêncio, um adulto designado vai à porta entre a parte 1 e a parte 2 e convida o jovem a sair da infância.
- O jovem deixa o símbolo de sua infância na passagem e, trazendo consigo o segundo símbolo, vai para a cadeira da parte 2.
- Cada um dos convidados o saúda e, se apropriado, entrega um presente.
- O jovem expressa sua gratidão e o que mais quiser dizer.
- Vai para a parte 3.
- Alguns minutos depois ele sai, de preferência sem passar novamente pela parte 2.
- Os convidados saem da parte 2, exceto um adulto que arrumará as três partes e disporá o símbolo da infância como previamente combinado com o jovem.

Primeira Menstruação

Os primeiros rituais foram realizados há milhares de anos, quando, na lua cheia, a Mãe Terra era adorada como deusa tripla do nascimento, do amor e da morte. A condição de mulher era, então, celebrada como detentora do poder sobre o temeroso mistério da fertilidade e regeneração. Mas, como novo panteão masculino de deuses gregos assumiu e tem-se mantido até as religiões patriarcais de hoje, o poder feminino ficou denegrido e seus corpos físicos freqüentemente eram menosprezados. Até recentemente, certos assuntos sexuais, incluindo a menstruação, raramente eram discutidos em nossa sociedade. Como resultado, o primeiro sangramento de uma menina costumava ser uma ocasião assustadora, de vergonha e desgosto, do qual ela sentia — às vezes, por toda a vida — uma grande repugnância, não apenas de seu ciclo menstrual, mas de toda sua sexualidade. Essa desastrosa falta de preparação, felizmente, é rara nos dias de hoje e as jovens costumam conhecer "as coisas da vida" bem antes da puberdade.

No entanto, os fatores completos, como mostrados em aulas de biologia também não são a resposta. Quais mudanças psicológicas estão acontecendo com a garota? O que ela sabe sobre as novas relações com o seu corpo e deste com os garotos? O que lhe foi dito sobre os antigos ritos femininos ligados à lua e seu ciclo ou sobre a natureza espiritual do sangue? Ainda há um longo caminho a ser percorrido antes de sermos bem-sucedidos em integrar nossa sexualidade e, assim, podermos passar nosso conhecimento de maneira eficaz para a próxima geração.

Muito freqüentemente, a garota moderna emancipada é muito dividida. Por um lado, sabe todos os fatos sobre anticoncepcionais, AIDS e aborto, enquanto, por outro, sente-se uma criança confusa que deseja perguntar e, como resposta, receber certezas sobre todas as possíveis conseqüências que podem decorrer de sua nova sexualidade. As mulheres ocidentais ficaram tão desligadas da sua condição feminina que é preciso, urgentemente, uma cerimônia que possa ajudar a jovem garota a passar da infância para a adolescência com orgulho, vendo sua primeira menstruação como parte da excitação de crescer e não como um evento infeliz que pode causar tensão pré-menstrual pelo resto de sua vida.

Qualquer dificuldade ou embaraço que a geração mais velha possa inicialmente enfrentar sobre o próximo ritual, espera-se que sejam dissolvidos com a ritualização que está sendo ensinada.

Se existirem tensões entre a menina e sua mãe, é melhor que a mãe não participe do ritual. Sua presença poderia inibir a garota, o que seria pouco proveitoso para ela. O fato de a garota ter passado por esta cerimônia pode, no entanto, melhorar o seu relacionamento com a mãe, pois muitas coisas irão ser liberadas e discutidas. A dificuldade da mãe — consciente ou inconsciente — em reconhecer o novo estado adolescente de sua filha, pode muito bem fazer parte da discussão.

Se, por outro lado, a garota quiser convidar uma amiga para participar da cerimônia, tudo bem. Isso também poder ser bastante útil. Mas a amiga precisa já ter tido seu primeiro ciclo.

Mulheres mais velhas também podem tirar grande proveito com a realização dessa cerimônia. Ao voltar à adolescência, podem desfazer muito do mal que experimentaram quando tomaram consciência de sua própria feminilidade sem nenhuma preparação para isso.

O Ritual

Nessa ocasião tão especial, todos os participantes devem vestir-se a rigor. O círculo de flores, folhagem ou velas para realizar o ritual também deve ser especialmente bonito e feminino.

No início da cerimônia, uma mulher mais velha — representando o conceito da "Velha Mulher Sábia" (título de honra usado por índios nativos americanos para aquelas mulheres que já atingiram a maturidade espiritual) — já deverá estar no círculo. A garota está fora dele, aguardando o convite para entrar. Qualquer outro participante está atrás dela, mas dentro do círculo. Em suas mãos, ela carrega qualquer símbolo que tenha escolhido para representar a lua: talvez uma pedra da lua, uma pintura da lua ou algo com o formato de uma lua crescente. De agora em diante a garota ficará sob os cuidados e proteção particulares da lua.

A garota, então, coloca na entrada do círculo qualquer objeto que tenha escolhido para representar sua infância, devendo fazê-lo com cuidado, amor e respeito por sua vida até o momento. Depois, ela entra no círculo e oferece a você o objeto que tiver escolhido para representar a sua virgindade. Este símbolo deve ter uma qualidade de pureza e de novo começo, podendo ser uma flor ou algo branco. Você, por sua vez, entrega a ela o símbolo que escolheu para representar a lua e, durante o restante do ritual, enquanto ela estiver em contato com a sua condição de mulher por meio desse símbolo, a virgindade dela lhe é confiada.

Então, ela declara para você que as mudanças físicas nela não são motivo para alarme e afirma que considera seu corpo como um templo precioso.

Como vocês estão frente a frente, diga que ela tem todo o tempo de que precisar, que o espaço é todo dela e que pode discutir com você qualquer coisa que a estiver preocupando. Na atmosfera sagrada desse círculo você irá levá-la a uma dimensão diferente, quase de uma sacerdotisa; vocês duas serão capazes de falar livremente sobre qualquer coisa que for preciso, incluindo aqueles assuntos difíceis, como o lado sagrado da sexualidade, a alegria de ser mulher e o respeito que ela deve a si mesma e ao seu corpo.

Quando a conversa tiver terminado, coloque ambos os símbolos no centro do círculo e saiam juntas. Depois volte para limpar o círculo.

Preparação

A garota, sozinha ou com um adulto de confiança, escolhe os dois símbolos necessários para o ritual.

A mulher mais velha cria um círculo muito feminino e bonito.

Antes da cerimônia começar, a mulher mais velha senta-se no círculo, segurando seu símbolo para a lua. Os outros participantes formam um semicírculo atrás dela.

Recapitulando

- A garota chega na entrada do círculo segurando seus símbolos.
- A mulher e a garota conversam, se quiserem.

- A garota deixa seu símbolo da infância na entrada do círculo.
- Ela entra no círculo.
- Os símbolos são trocados.
- A garota pergunta para a mulher qualquer coisa que queira saber.
- Ambos os símbolos são colocados no centro.
- A garota e a mulher saem do círculo juntas.
- A mulher volta para limpar o círculo.

Casamento

Atualmente, cada vez mais pessoas rejeitam a idéia de um casamento na igreja, embora o casamento no civil também lhes pareça insatisfatório. Embora cumprindo os requerimentos legais, isso evita aquele compromisso que é tão vital para um casamento. Para tais pessoas esse ritual é oferecido como uma alternativa ou como uma cerimônia adicional.

Um ingrediente essencial para qualquer ritual de casamento é a sensação de que duas pessoas estão se unindo além do nível romântico. O oficiante do casamento clama por uma união feita "sob os olhos de Deus". Isso também poderia ser expresso como uma união da noiva e do noivo por meio de seus eus superiores — aquela parte deles que está ligada ao Divino. Dessa forma, o casamento fica comprometido com um propósito sagrado, e a ajuda para isso é evocada além do mundano. Se os noivos não tiverem alguma coisa além deles mesmos pela qual se esforçar, o casamento poderá perder a sua dimensão vital.

Este ideal, este propósito sagrado, é um dos assuntos mais importantes para o casal debater. Qualquer conceito comum que venha transcender as diferenças e considerações mundanas são um fator de união. Quanto mais as partes puderem trazer para a vida diária o amor e a sabedoria adquirida em seu ponto mais alto, melhores as chances de um casamento ser bem-sucedido. Este ritual objetiva fortalecer os caminhos pelos quais um ideal pode ser alcançado.

Esta cerimônia pode ser feita por vocês dois sozinhos ou com um grupo de pessoas com o qual se sintam fortemente ligados. Como esse é um evento espiritual mais do que social, certifique-se de que todos os participantes os estarão apoiando com sinceridade. Qualquer demonstração de ceticismo apresentada por qualquer dos participantes, até mesmo ficar embaraçado com a cerimônia, irá, em parte, negar o ritual.

O Ritual

Se esta cerimônia puder ser realizada ao ar livre, você irá receber a ajuda adicional dos espíritos da natureza, das árvores e das plantas.

Se não for possível, traga para dentro da sala a maior quantidade de verde que puder.
Coloque uma pedra grande e plana no centro do espaço. Sobre ela, ponha dois vasos, com uma flor em cada, para representar seus eus superiores. Se tiver dois cristais com os quais se sintam à vontade, coloque cada um ao lado de cada flor, imaginando-os como a energia da Terra disponível para vocês. Também coloque duas velas nessa pedra central, simbolizando a luz. Entre esses dois grupos de objetos, deixe um espaço bem definido; nunca se esqueça de que vocês são dois indivíduos, embora muito ligados pelo amor.
Em volta da pedra, formem um círculo de velas grande o suficiente para acomodar confortavelmente duas ou quatro pessoas, caso tenham escolhido incluir duas testemunhas em seu ritual. Deixe uma entrada no círculo, que representará o espaço da vida que vocês concordaram em compartilhar. Se quiser um acompanhamento musical, o músico ou os músicos devem permanecer do lado de fora do círculo.
Quando tudo estiver no lugar, vocês dois acendem as velas. Cada um, começando pelas velas da pedra central, vai acender a sua metade do círculo, terminando naquela mais próxima da entrada. Vocês dois, então, entram nesse espaço que foi tornado sagrado pela beleza e pelo amor nele investidos. Fiquem um de cada lado da pedra. Se houver testemunhas, elas entram agora no círculo e tomam seus lugares atrás e um pouco para o lado de vocês.
O compromisso que eles estão testemunhando é dobrado. O primeiro é feito em silêncio: cada um de vocês invoca seu Eu Superior para ajudar a manifestar o amor e a alegria criados por essa união. Então, cada um fala seus votos, afirmando que esse amor não será apenas direcionado de um para o outro, mas também para o mundo. Se um de vocês quiser acrescentar a isso algum tipo de empreendimento ao Criador ou a qualquer entidade espiritual, mais poder será acrescentado aos seus votos. Qualquer um que não se sinta pronto para fazer isso, sempre poderá fazê-lo mais tarde.
Tendo se empenhado para o bem em comum de ambos como um casal, agora é hora de afirmar que vocês também continuam separados, como indivíduos que devem ser completos em si para alcançarem um casamento de sucesso. Em um belo poema (veja a seguir) do livro *O Profeta*, Kahlil Gibran fala de como evitar o arco destrutivo do amor: possessividade, ciúmes e inveja. Ler esse poema em voz alta pode ser um bom encerramento para esse ritual.

Quando isso for feito, as testemunhas devem sair do círculo. Então, cada um de vocês assopra sua vela central e sua metade do círculo, começando pela entrada.
Saiam do círculo juntos.
Desfaçam o local do ritual.

Cenário para o ritual de casamento

POEMA DE KAHLIL GIBRAN

Amai-vos um ao outro, mas não façais do amor um grilhão:
Que haja antes um mar ondulante entre as praias de vossas almas.
Enchei a taça um do outro, mas não bebais na mesma taça.
Dai o vosso pão um ao outro, mas não comeis do mesmo pedaço.
Cantai e dançai juntos, e sede alegres, mas deixai cada um de vós estar sozinho,
Assim como as cordas da lira são separadas e, no entanto, vibram na mesma harmonia.
Dai vossos corações, mas não os confieis à guarda um do outro,

Pois somente a mão da Vida pode conter vossos corações.
E vivei juntos, mas não vos aconchegueis em demasia.
Pois as colunas do templo erguem-se separadamente,
E o carvalho e o cipreste não crescem à sombra um do outro.

Preparação

Se o ritual for feito em local fechado, decore a sala com muito verde.
Faça um círculo de velas.
Em uma grande pedra central, coloque um grupo de objetos (flor, cristal e vela) escolhidos para representar cada pessoa.
Se tiver músicos, peça-lhes que fiquem fora do círculo.

Recapitulando

- Acendam as velas como orientado.
- Reentrem no círculo e fiquem, cada um, do seu lado da pedra, ficando as testemunhas atrás e um pouco para o lado.
- Invoquem seus eus superiores silenciosamente.
- Falem seus votos, acrescentando um compromisso com o Criador, se desejado.
- Leiam as palavras de Kahlil Gibran ou outro poema que escolherem.
- As testemunhas saem do círculo.
- Apaguem as velas — cada um apaga a sua metade.
- Saiam do círculo juntos.

Cerimônia de batismo

Nosso nome carrega um som e uma vibração particulares que nos ligam a um tipo específico de experiências pelo resto de nossas vidas, ou pelo menos até mudarmos de nome; portanto, a importância de escolher o nome de um indivíduo não pode ser subestimada, uma vez que irá afetar profundamente o relacionamento dele com qualquer coisa e com qualquer pessoa que encontrar.

A declaração formal e ritualística desse nome afirma a pessoa como um membro da raça humana. Negar a ela esse primeiro importante ritual de passagem é preocupante, particularmente em um tempo onde todos os seres humanos precisam da melhor integração possível entre seus corpos e espíritos e da ligação mais próxima possível com a Terra, um processo que pode levar a um passo significativo a partir do momento de seu batismo.

No entanto, essa cerimônia é fortemente associada a uma religião definida e, nos dias de hoje, muitos pais relutam em fazê-la. Não querem seu filho formalmente comprometido com uma forma específica de culto.

Em qualquer cerimônia de batismo, é importante reconhecer o chakra coronário (veja p. 182), pelo qual nos comunicamos com nosso eu superior e que nos liga ao Divino. Durante a cerimônia, oferecemos ao bebê ou adulto a maior elevação a que ele pode chegar nessa vida. A união consciente de seu corpo e espírito e o seu reconhecimento como pessoa em seu próprio direito constituem um momento muito importante.

Se está procurando nome para um bebê, preste-lhe muita atenção para poder encontrar o nome que mais se adapte a sua alma nessa vida em particular. Não deixe que a tradição familiar ou associações agradáveis com um nome permitam que você imponha algo impróprio à criança.

Se o ritual for para um adulto que, até agora, não se harmonizou com o seu nome, este é o momento perfeito para escolher um nome novo. No caso de alguém que tenha feito grandes avanços espirituais, o nome, com o qual estava sintonizado até então, agora precisa ser mudado.

Como a única coisa assumida por esse ritual é que todos nós viemos de um mesmo lugar, ele pode ser usado tanto em conjunto com uma cerimônia religiosa formal ou isoladamente. Também pode ser feito dentro de casa ou ao ar livre, mas é muito melhor que seja ao ar livre, já que você está buscando especificamente conectar a pessoa com o Céu e com a Terra. Se, entretanto, isso não for possível, não se preocupe; faça com que a cerimônia seja feita com amor e boas intenções que toda ajuda possível será dada a você.

O Ritual

Os padrinhos formam um quadrado dentro do qual todos aqueles que forem estar presente serão chamados. Coloque em cada canto um símbolo para cada um dos quatro elementos: terra, ar, fogo e água. Pode ser simplesmente uma pedra, uma pluma, uma vela e uma vasilha com água, ou algo mais elaborado. Como esses elementos formam tanto o nosso planeta como a pessoa que está sendo batizada, irão iniciar as primeiras fases de ressonância entre os dois.

Depois evoque a assistência do Eu Superior e do Anjo Guardião da pessoa. Sua presença irá aumentar o nível das vibrações dentro do quadrado e chamar para dentro dele os guias e auxiliadores (veja p. 23) de todos aqueles que estiverem no ritual.

Uma vez que essa preparação tenha sido feita, a pessoa que será batizada entra no quadrado com seus pais ou padrinhos — um homem e uma mulher — que devem ficar um de cada lado dela. Seguem-se a eles qualquer amigo ou parente que queiram participar da cerimônia, pessoalmente ou simbolicamente, representados por fotografias ou objetos que os evoquem. Esse grupo familiar deve incluir aqueles membros que morreram, mas cujo amor continua sendo sentido como um recurso positivo na família. Sua presença simbólica também introduzirá um desejável senso de continuidade. Esse grupo forma um semicírculo de frente para a pessoa que está sendo batizada.

Em nome da simplicidade, a pessoa que estiver sendo batizada será, de agora em diante, referida como "você" e as diretrizes serão dadas como se ela fosse capaz de se mover e falar livremente. Se essa pessoa for um bebê, obviamente, o adulto apropriado irá carregá-lo e falar por ele.

Quando todos estiverem em seus lugares, um dos padrinhos dá um passo à frente para saudá-lo e assume formalmente o dever de familiarizá-lo com qualquer conceito espiritual construído nesse ritual. Ele também concorda em ajudá-lo no importante processo de enraizamento. Se for uma criança quem estiver sendo batizada, ele também se compromete, em nome de ambos os padrinhos, em assumir o papel complementar ao dos pais.

Depois explica o papel dos quatro elementos na cerimônia. O fogo está lá para ativar a sua intuição; o ar irá trazer clareza mental; a terra oferece estabilidade e a água, adaptabilidade.

Então, ele saúda o seu Anjo Guardião, explicando que a função exclusiva dele é guiar e proteger a alma confiada ao seu cuidado.

Seu Eu Superior é reconhecido como o seu meio direto de contatar os mundos superiores e receber orientação deles.

Depois, é reconhecido, em qualquer termo que pareça apropriado à ocasião, que você é uma gota do Divino, que continua vibrando as nuvens da glória de sua curta estada no céu. Como tal, você é o doador e o recebedor de grandes presentes.

Quando o padrinho tiver terminado de falar, você responde com qualquer agradecimento, compromisso ou contribuição que queira fazer. Qualquer questão que tenha pode ser colocada nesse momento.

Após um momento de silêncio, você será questionado se está ou não pronto para receber seu nome. Quando consentir, seu pai ou padrinho diz: "Eu te nomeio .... ; nome pelo qual deve ser conhecido de agora em diante pelos homens e também pelos reinos animal, vegetal e mineral. Orgulhe-se de seu nome e faça-o orgulhar-se de você".

Um presente de boas-vindas e celebração pode, agora, ser-lhe oferecido.

Você deve ser o primeiro a sair do quadrado, seguido por todos os demais, exceto pela pessoa que evocou os quatro elementos, seu Anjo Guardião e seu Eu Superior. Ele deve agradecê-los e pedir-lhes que voltem para o lugar de onde vieram.

Para encerrar as energias geradas pela cerimônia e deixar o lugar em tranqüilidade, ele pode fazer o sinal da cruz circulado por luz ou, se esse símbolo não lhe for significativo, apenas agradecer.

Esse encerramento da cerimônia pode ser feito pela família e pelos amigos do lado de fora do quadrado, ou sozinho.

Preparação

Os padrinhos fazem um quadrado com os quatro elementos.

Recapitulando

- Se uma vela tiver sido utilizada para simbolizar o elemento fogo, o padrinho a acende, invoca os quatro elementos e o Eu Superior e o Anjo Guardião da pessoa que está sendo batizada, mais os dos pais e dos padrinhos.
- Você entra no quadrado.
- Os padrinhos ficam um de cada lado, com você ao meio.
- Sua família e amigos fazem um semicírculo na sua frente.
- Um dos padrinhos mantém um diálogo com você.
- O padrinho pergunta se você está pronto para ser batizado.
- Você consente.
- Ele te nomeia.
- Presentes podem ser oferecidos.
- Os participantes deixam o quadrado com você à frente. Apenas o padrinho que fez as evocações permanece para agradecer e pedir às entidades evocadas para irem embora. Ele limpa o espaço enquanto os outros observam ou não.

Filhos saindo de casa

Infelizmente, na sociedade urbana moderna nós perdemos tradições e diretrizes que, uma vez, ajudaram a facilitar os passos importantes de um jovem saindo de casa. Atualmente, é difícil as garotas pretenderem ficar em casa até se casarem. Elas não apenas saem de casa para uma educação superior, um emprego ou para dividir um apartamento com outra menina, mas também saem para ir morar com o namorado. Até famílias muito tradicionais precisaram se adaptar a esse desenvolvimento para manter um bom relacionamento com suas filhas. Aos elementos emocionais já inerentes neste ritual de passagem foi adicionada uma série de questões morais e sociais. Para os garotos, as mudanças de costume foram menos dramáticas, mas este século pareceu um obscurecimento das ligações, criou um novo âmbito para brigas familiares.

Noção de tempo é importante aqui. Se os pais não estiverem devidamente preparados para o acontecimento, podem sentir-se abandonados ou temerosos e, por outro lado, se o jovem adulto sair muito cedo de casa, pode ficar assustado com a repentina responsabilidade sobre a própria vida. Contudo, se a partida for muito adiada, pode haver irritação de ambas as partes e uma angustiante sensação de alívio.

O aumento no número de divórcios também torna o assunto mais complicado. Uma madrasta ou um padrasto pode, agora, ser a causa da partida prematura, quer isso seja ou não declarado. Ao fazer o ritual, um padrasto pode ou não ser incluído, já que sua presença não venceria o objeto do ritual. Nas situações onde houver somente um dos pais na casa, deve ser visivelmente mantido o espaço para o segundo, já que ele influenciará a situação — mas isso apenas na sua ausência.

Qualquer que seja a experiência na casa dos pais, o jovem não pode tirar nada além de benefícios ao sair de forma limpa e cuidadosa. Quaisquer que sejam seus sentimentos, eles não devem ficar rondando a casa como fantasmas, mas sim ser removidos do lugar ao qual não mais pertencem. A partida de um filho ou filha, naturais ou não, amados, temidos ou repugnados, irá deixar um grande buraco na vida da casa e terá de acontecer uma remodelagem da família restante. A pessoa que está saindo tem a responsabilidade de fazer esse acontecimento ser o menos doloroso possível.

Sair de casa deve ser um momento excitante para o jovem, mas pode ser muito traumático se houver tensões que não puderem ser expressas. Um ritual pode ajudar bastante.

O Ritual

A sala deve ser arrumada em três seções, representando a casa dos pais, um território neutro e a nova casa. Disponha três cadeiras na forma de um triângulo na primeira seção. Essa figura lembra o fato de que, embora duas das pessoas envolvidas no ritual se qualifiquem como "pais" para a terceira pessoa, esses pais também são indivíduos cujos sentimentos sobre esse assunto não necessariamente são idênticos. Esta presente situação pode, de fato, tê-los dividido de alguma forma.

Antes do ritual começar, o jovem deve colocar, ao lado da sua cadeira na casa dos pais, um símbolo representativo da sua vida até então; ao sair, ele irá deixá-lo para trás. Em sua nova casa ele deve colocar outro símbolo para si, um que o qualifique como chefe da casa, próximo ao lugar onde sua cadeira irá, mais tarde, formar o mesmo triângulo que agora se encontra na casa dos pais. (Para destacar as mudanças físicas e emocionais que estão acontecendo, as três cadeiras devem ser levadas com vocês à medida que o ritual mude de uma seção para a próxima.) Não é preciso nenhum símbolo para o território neutro.

Quando as três pessoas estiverem em seus lugares no triângulo representando a casa dos pais, elas deverão, principalmente, estar preocupadas em estabelecer a nova posição do jovem, não apenas em relação a ele mesmo, mas também em relação aos pais. Cada um dos três precisa definir o que está preparado para oferecer e o que deseja receber na nova situação. Se a partida do jovem for parte da mesma progressão que o levou da infância à adolescência, as vantagens e liberdade que ele está ganhando serão contrabalançadas pelas responsabilidades (veja *ritual para a puberdade*, p. 31). Se ambos os lados reconhecerem isso, os laços em que se baseiam a dependência de uma criança podem ser derrubados com menos dor; sem resultar em perda de amor ou interesse, o papel protetor dos pais também será libertado. Os laços que continuam apropriados à nova posição podem ser amavelmente cimentados.

Se algum dos pais tiver algo a dizer, essa é a oportunidade ideal para acertar qualquer problema entre as gerações. Eles, por exemplo, sentem que não houve preparação suficiente para esse grande passo? Temem o futuro? O que ainda desejam fazer para ajudar no bem-estar de sua prole, materialmente ou de outra forma? Estão irritados com a reação da família ou vizinhos se uma relação sem casamento estiver se iniciando?

O jovem deve responder de forma igualmente aberta e, se possível, sem raiva. Nenhum desses rituais deve entrar em psicodrama. Ele também pode levantar assuntos que eram difíceis de expressar até então. Podem se concentrar em algo que ele fez e que seus pais não aprovaram ou no seu fracasso em fazer algo que esperavam dele. Esses assuntos, que podem ser sobre trabalho ou casamento, se beneficiariam ao ser arejados de forma amigável.

Quando o diálogo tiver chegado ao fim, qualquer símbolo que estiver representando os anos sob o teto dos pais deverá, cerimonialmente, ser deixado para trás. Isso é particularmente importante para as garotas que estão saindo de casa, mas que o fazem de forma vacilante. Se querem ter sucesso em sua nova vida, devem prestar uma atenção especial ao símbolo que estão abandonando e devem romper com ele de forma limpa, pois, do contrário, irão tornar-se uma daquelas mulheres que nunca crescem de verdade porque a garotinha nelas é eternamente temerosa de que nenhuma felicidade ou cuidado seja igual àquele recebido em casa.

A segunda parte do ritual dá a pausa necessária para que cada um possa se acostumar à nova situação. Aqui não há papel atribuído a ninguém, então as cadeiras não precisam formar um triângulo. Ninguém está em sua própria casa, de forma que qualquer assunto não resolvido pode surgir e ser resolvido em condições de maior igualdade.

Quando não houver mais nada a ser dito, passem para a seção da nova casa. O jovem entra primeiro para receber seus pais ao lado da sua cadeira, que ele deve ter colocado dentro da casa. O símbolo atrás dele proclama claramente sua nova posição. Quando seus pais, com suas cadeiras, entram e formam um triângulo, fica claramente visível que eles são os visitantes. Pouco precisa ser dito nesse estágio.

Mesmo se as coisas aqui não estiverem exatamente como os pais gostariam, eles devem, agora, concordar com as regras e gostos do filho, assim como este concordou com os deles. Se algum novo assunto surgir quando os participantes se sentarem aqui, qualquer um dos três pode pedir para voltar ao território neutro para mais esclarecimentos.

O ritual deve terminar com o jovem sentado em sua nova casa e os pais na deles. Lembre-se de que o território neutro entre as duas casas estará sempre disponível para qualquer necessidade de qualquer um.

Saia da sala.
Desfaça o ritual.

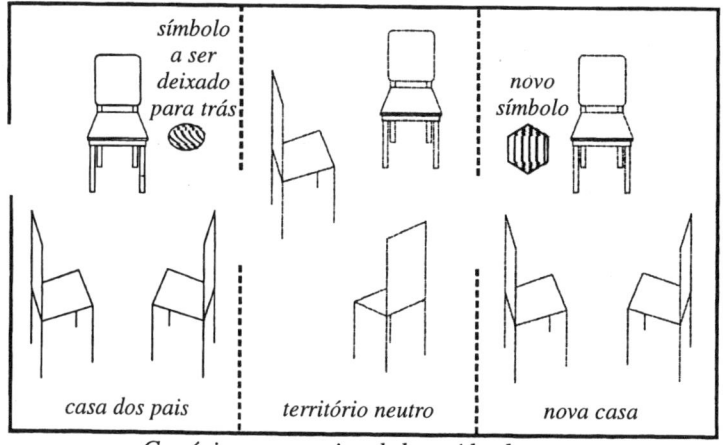

Cenário para o ritual da saída de casa

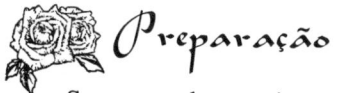

Preparação

Separe a sala em três seções: a casa dos pais, o território neutro e a nova casa.

Faça um triângulo com as cadeiras na primeira seção.

Coloque, ao lado da cadeira do jovem, um símbolo para sua vida até agora.

Ao lado de onde a cadeira do jovem estará quando o triângulo for formado na nova casa, coloque o símbolo representando o chefe da casa.

Recapitulando

- Os pais e o filho ou filha sentam-se em um triângulo na casa dos pais.
- Mantêm um diálogo.
- O jovem, cerimonialmente, deixa seu símbolo lá.
- Eles se mudam para o território neutro com suas cadeiras, colocando-as como se sentirem melhor.
- Mantêm um diálogo.
- Mudam-se, com as cadeiras, para a nova casa, com o filho ou filha à frente.
- Mantêm um diálogo.
- Os pais voltam para a sua casa enquanto o jovem continua na sua nova casa.
- Todos saem da sala.
- O ritual é desmanchado.

Divórcio

Neste ritual, a palavra "divórcio" é usada para referir-se não apenas ao término de um casamento, mas também ao final definitivo de relações bem estabelecidas. O fim de qualquer relação profunda envolve, necessariamente, dor e, freqüentemente, remorso. Os erros e inadequações de um insultam o outro; os momentos de maior alegria juntos se erguem opressivamente.

Para que se tenha condições de fechar uma parte inteira da vida de uma pessoa, um ritual pode ser muito útil. Ele deve incluir o pedido para ser libertado dos votos feitos um dia, a avaliação dos sucessos e fracassos do relacionamento, o agradecimento pelas coisas boas, se necessário, o perdão ao ex-parceiro e, então — possivelmente o mais importante de tudo —, seguir em frente. Se as circunstâncias permitirem que ambos estejam presentes no ritual, seus benefícios em potencial serão muito aumentados.

Porque poucos de nós, quando sozinhos, somos tão honestos como quando frente a alguém cuja opinião respeitamos, é preferível ter presente nesse ritual alguém que tenha a cabeça aberta e que esteja bem familiarizado com as circunstâncias. Este também é um ritual mais eficiente se falado em voz alta. A raiva, a compaixão e o tom de perdão realmente precisam ser ouvidos na sala. Então, tente superar qualquer vergonha ou reserva que possa sentir e diga o que for preciso — mas tenha em mente que isso é um ritual, não um psicodrama. Embora a realidade possa provar ser dolorosa, quanto mais escrupulosamente sincero e objetivo você for, maior será a cura que receberá. Vingança, autopiedade e culpar a si mesmo terão o efeito contrário.

Se um observador estiver presente, seu papel será o de um alarme, que sob qualquer mentira ou prevaricação soará falso. Ele deve falar apenas se for diretamente questionado, ou se o propósito do ritual estiver sendo destruído por asperezas ou emoções descontroladas.

Antes de começar o ritual, há quatro avaliações que precisam ser feitas:

1 — as contribuições criativas e positivas dadas por você ao relacionamento,

2 — aquelas dadas por seu parceiro,
3 — os elementos destrutivos, ruins, que você trouxe e,
4 — aqueles que seu parceiro trouxe.

O Ritual

Se possível, deixe esse ritual acontecer em um território neutro — nem na sua casa nem na de seu parceiro.
Forme um círculo com pedras. Deixe o local limpo.
Coloque duas cadeiras lado a lado no círculo, encostando uma na outra. Se um observador tiver sido convidado, coloque a cadeira dele um pouco afastada, mas também dentro do círculo.
Se um dos parceiros estiver ausente, coloque na cadeira dele uma fotografia, símbolo ou cartão com seu nome.
Quando todos estiverem em seus lugares, os dois protagonistas fazem um contato visual o mais profundo possível.
Se votos de casamento foram formalmente recebidos, agora eles são repetidos por cada um de vocês — embora possam parecer vazios sob a luz dos acontecimentos que se seguiram. (Se um dos parceiros estiver ausente, o outro vai até a sua cadeira e fala por ele.) Lembrarem-se das expectativas que foram colocadas no relacionamento irá ajudá-los a avaliar de forma realista se as mesmas eram muito idealizadas, se um ou ambos fracassaram em honrá-las e por que, ou se sua incompatibilidade era tão profunda que o relacionamento nunca poderia ter dado certo.
Uma vez que os votos tenham sido reiterados, coloque as cadeiras de frente uma para a outra para indicar que uma medida de objetividade entrou no diálogo.
Você e seu ex-parceiro, agora, falam um de cada vez, sem que um interrompa ou corte a vez do outro.
Comece com as contribuições positivas que você deu ao relacionamento. Evite qualquer falsa modéstia e autodepreciação, e não deixe a visão que seu parceiro tem de você colorir suas palavras. Embora muito de sua autoconfiança tenha sido abalada, você, sem dúvida, contribuiu com elementos bons e úteis ao relacionamento. Eles podem ter sido grosseiramente subvalorizados, mas estavam lá. É essencial para esse exercício e para qualquer relação futura que tenha, que você valorize essas contribuições.

Se é você quem vai enumerar pelo seu ex-parceiro as contribuições positivas feitas por ele ao relacionamento, tente ser o mais estrito e imparcial possível, falando do ponto de vista dele e não do seu próprio.

Avaliar suas contribuições negativas provavelmente será outro processo doloroso. De que formas você sabotou o relacionamento, consciente ou inconscientemente? Quando e como você o machucou, não o ajudou, enfraqueceu o trabalho dele, dificultou o relacionamento dele com outras pessoas e por aí em diante? Se alguma dessas memórias parecerem precisar de reações, reconheça-as e faça isso em algum outro momento.

A avaliação de seu ex-parceiro de suas contribuições negativas será, provavelmente, a parte mais difícil desse ritual, especificamente se você estiver falando por ele. Será muito fácil atribuir a ele todos os erros, mas tente manter-se separado o suficiente para que a voz da clareza possa ser ouvida. Muito pode ter sido prometido e não realizado. Mas por que foi assim? Foi realmente total falta de boa vontade? Ele nunca pretendeu realizar suas promessas ou elas estavam além das capacidades dele e de qualquer outra pessoa? Quando queremos alguma coisa ruim o suficiente, é humano prometer algo para conseguir o que se deseja.

Se, agora, você puder ser sincero e ter uma visão clara, quer esteja falando ou ouvindo, muitos ressentimentos destrutivos cairão. Poucas pessoas agem sempre com 100% de vingança e desejo de destruir. Entrando na pele da outra pessoa e conhecendo os medos e insuficiências que confundiram o comportamento dela, assim como os seus confundiram o seu próprio, você começará a desarmar aquele mecanismo de autodefesa que construiu um monte de fantasias e meias verdades.

A próxima parte do ritual, um agradecimento, pode ser dolorosamente pungente, mas é vital ao equilíbrio que você está tentando alcançar. Mesmo se o relacionamento tiver terminado de forma ácida, o tempo e amor que você investiu nele não foram perdidos. Agradecendo um ao outro pelo que a associação trouxe para vocês, esses presentes são validados. Onde o relacionamento termina por um consenso mútuo, porque a força vital foi gasta, o agradecimento também é útil porque reconhece a necessidade de fechar o ciclo. Mediante o entendimento de como o relacionamento lhe foi enriquecedor, você pode fazer uso total dele e levar para o próximo ciclo apenas o que será útil.

Para algumas pessoas esse agradecimento pode ser expresso em poucas palavras — ou mesmo em silêncio. Outras preferem exteriorizá-lo, por exemplo, por meio de uma dança ou construindo uma fogueira no centro de seu círculo.

A seção do ritual que trata do perdão é de grande significado, porque sentimentos de ressentimento e ódio são tão ligados e poderosos como aqueles de amor, e o autoperdão é tão importante quanto o perdão dos outros. Isso é particularmente verdade na área dos relacionamentos, onde se culpar pode causar prejuízos incontáveis por muitos anos — especificamente se for injustificado. Então, mesmo que você ainda não se sinta preparado para começar a perdoar seu ex-parceiro, use essa seção do ritual para o autoperdão, que pode ser tão profundamente libertador e curativo.

Em qualquer caso, se ele não estiver presente, use sua fotografia para um diálogo. Embora seja difícil olhar nos olhos dele, fazer isso irá ajudar a tornar a experiência significativa.

Para completar o ritual, prepare-se, agora, para sair da antiga situação o mais definitivamente possível no momento. Vire as duas cadeiras de costas uma para a outra, distanciando-as tanto quanto lhe pareça confortável. Sentem-se nelas em silêncio por alguns minutos.

Depois, levantem-se por um momento e encarem um ao outro. Diga, alto ou para si mesmo, algumas palavras de adeus que reconheçam explicitamente que essa parte de sua vida está terminada.

Se os chakras são uma realidade para você, nesse momento você pode fazer uma pequena cerimônia para cortar as amarras que ainda ligam vocês pelo plexo solar e, possivelmente, pelo sacro (veja p. 26, para descrição desse ritual). Termine a cerimônia selando seus chakras e os da outra pessoa com uma cruz dentro de um círculo de luz. Se uma ligação afetiva boa e não possessiva continuar existindo entre vocês, gaste um tempinho fortalecendo-a.

Dê alguns passos em direção à saída do círculo e, novamente encarando o outro, diga alto as palavras: "Agora você é meu EX-marido/esposa/parceiro".

Virem-se de costas um para o outro e saiam da sala, de preferência por portas diferentes ou, pelo menos, em momentos diferentes.

Limpe o círculo.

Você pode querer repetir esse ritual em um ou dois anos, quando tiver tido tempo para voltar atrás, crescer e encontrar pessoas novas;

certamente, mais coisas irão emergir, tornando o divórcio mais completo. Mas não force nada. Apenas mantenha-se receptivo ao que acontecer em sua vida.

Preparação

Faça um círculo de pedras.
Limpe a área.
Coloque duas cadeiras lado a lado, encostadas.
Coloque outra cadeira, se um observador for estar presente.

Recapitulando

- Se estiver sozinho, leve uma fotografia, símbolo ou cartão com o nome de seu ex-parceiro e coloque na segunda cadeira.
- Cada um de vocês, por vez, fala os votos recebidos no casamento (se este tiver acontecido).
- Coloque as cadeiras de frente uma para a outra.
- Declare as contribuições positivas que você deu à relação.
- Ele (ou você no lugar dele) declara as contribuições positivas que deu.
- Você declara as contribuições negativas que deu ao relacionamento.
- Ele (ou você no lugar dele) declara as contribuições negativas que deu ao relacionamento.
- Agradeçam.
- Perdoe a si e a ele.
- Virem suas cadeiras de costas uma para a outra e afastem-nas.
- Sentem-se em silêncio por alguns minutos.
- Fiquem em pé olhando um para o outro e digam adeus.
- Se desejar, faça a cerimônia para cortar os laços (veja p. 26)
- Declare que agora você é um ex-marido/esposa/parceiro.
- Virem de costas um para o outro e saiam da sala separadamente.

Menopausa

Muitas mulheres temem a menopausa porque a vêem, principalmente, como um tempo de perdas, mas há muitos aspectos positivos nessa fase da vida da mulher, que podem surgir se ela simplesmente os destacar.

Como nesse ritual existe uma diferença fundamental de propósitos entre aquelas mulheres que tiveram e as que não os tiveram (voluntária ou involuntariamente) e, também, entre aquelas que foram mães naturais e as que foram mães adotivas ou mães de criação, adaptações para cada categoria serão sugeridas. O formato básico, no entanto, permanece o mesmo para todos os grupos.

O Ritual

Primeiro, divida a sala em duas partes e coloque uma única cadeira na linha divisória.

Comecemos pela situação da mulher que criou seus próprios filhos. Pegue três símbolos ou fotografias para representar as três fases de sua vida: a jovem menina, a mãe e a mulher mais velha. Coloque-os seguidos no chão. De sua segura posição na cadeira, no momento, veja, mentalmente, você quando menina, atribuindo à visualização uma cor, textura, energia ou qualquer coisa que faça com que tenha vida para você. Demore o tempo que precisar. Tente, realmente, definir esta fase de sua vida para que saiba, em cada pedacinho seu, como era ser uma jovem menina. Retome tanto sua timidez como sua excitação com a vida. Lembre-se de seu relacionamento com seu corpo. Você o achava desajeitado, ou estava em paz consigo mesma? Expressava sua feminilidade ou era uma moleca? Re-experimente de verdade as emoções da sua primeira menstruação e do seu primeiro relacionamento amoroso. Não tenha vergonha de si mesma e não se poupe das memórias desagradáveis dessa época de sua vida. É particularmente importante, nesse momento de transição, que o passado não seja idealizado. Isso poderia ser prejudicial para o futuro.

À medida que passar para o símbolo de mãe, tente aproximar todas as suas memórias ligadas à maternidade: as gestações, os partos, os períodos de amamentação, o crescimento das crianças, a educação delas e o casamento. Isso irá incluir dor assim como alegria, mas não é hora de embrulhar os fatos em uma embalagem cor-de-rosa. Apenas encarando-os de frente e sem medo você pode lidar, criativamente, com essa mudança do passado para o futuro.

Movendo-se para o território desconhecido da mulher mais velha você irá, espera-se, experimentar uma atmosfera mais suave e menos fogosa, uma nova liberdade, uma sensação de que você pode, agora, dar mais tempo a si mesma e ser menos usada pelos outros. Com suas crianças, provavelmente, já independentes, o corre-corre com uma casa cheia não precisa mais ser seu, a não ser que faça essa escolha. Os compromissos com funções sociais e reuniões podem, agora, ser uma questão de escolha mais do que de "obrigação" ou "dever". Se você foi uma mãe trabalhadora, irá gostar mais de atingir o momento em que poderá abrir mão do trabalho doméstico, a não ser que ainda queira fazê-lo. Poderá começar a fazer todas aquelas coisas para as quais nunca teve tempo. À medida que sua ênfase mudar do *fazer* para o *ser*, a harmonia será o seu foco.

Quando tiver explorado suas três fases o mais profundamente que puder no momento, pegue o símbolo da mulher mais velha e sente-se com ele no seu colo. Tente fazer as pazes com ela, até amá-la. Esta é você de agora em diante. Quando se sentir pronta, levante-se e coloque o símbolo na segunda parte da sala. Se quiser acender uma vela para os anos que estão vindo, vá em frente. Então, saia da sala.

Desfaça o ritual.

O formato acima pode ser usado por todos os grupos de mulheres, precisando apenas de pequenas adaptações para preencher as necessidades específicas.

As mulheres que adotaram ou criaram uma criança precisam substituir as memórias da maternidade por sua satisfação em ter dado uma casa para alguém que, de outra forma, apenas teria conhecido a vida em instituições.

Para mulheres que escolheram não ter filhos, a menopausa pode, às vezes, trazer uma sensação de arrependimento. Embora seus casamentos ou suas carreiras, ou ambos, tenham compensado amplamente o fato de não ter filhos, elas podem, apesar de tudo, experimentar uma nostalgia quando acabar o tempo em que podem gerar filhos. Deixe esta nostalgia tornar-se parte da clara avaliação que você faz agora de seus anos como esposa, mulher de negócios, mulher profissional, mulher criativa ou qualquer outro título que se aplique a você nesse momento. Você quer saber exatamente o que está trazendo para sua fase de mulher mais velha.

Para mulheres que desejaram filhos mas não puderam tê-los, a menopausa pode ser um momento de grande tristeza, até de amargura. Como a esperança se acaba, é muito difícil que não se sintam deixadas de lado ou tenham inveja da alegria das outras mulheres com seus filhos. Elas podem até mesmo somar a esse fardo a conclusão de que sua vida foi um fracasso pela incapacidade de ter tido filhos. É essencial que essas mulheres, no ritual, produzam símbolos para tudo o que tiverem conquistado em seus anos intermediários, dando assim a máxima importância a esses fatos, tanto perante os seus olhos como perante os dos outros.

As solteiras, para as quais a linha divisória entre a fase inicial da vida e a fase adulta não é tão bem definida, devem procurar identificar o momento em que a segunda fase da vida começou. Deixar de lado qualquer arrependimento ou sensação de fracasso é, provavelmente, uma das tarefas mais importantes nesse ponto. Se tais sentimentos forem arrastados para a terceira fase de suas vidas, pouca satisfação e alegria podem ser esperados.

Preparação

Divida a sala em duas partes.
Coloque uma cadeira na linha divisória.
Prepare três símbolos: para a mocidade, maternidade e sábia mulher mais velha; ou para mocidade, esposa ou carreira e sábia mulher mais velha.
Tenha uma vela pronta, se desejar.

Recapitulando

- Sente-se na cadeira com os três símbolos à sua frente.
- Considere todos os aspectos de sua infância.

- Considere todos os aspectos de sua maternidade ou de sua vida como esposa ou como mulher de negócios.
- Considere todos os aspectos da sábia mulher mais velha.
- Pegue o terceiro símbolo e sente-se com ele no seu colo.
- Coloque-o na segunda parte da sala.
- Acenda uma vela ao lado se quiser.
- Saia da sala.
- Desfaça o ritual.

Tornando-se sogro

Muitas adaptações e compromissos precisam ser feitos quando você se torna um sogro. O ritual a seguir é destinado a ajudar você a avaliar o que este papel acarreta; ele foi planejado para ser feito por um ou pelos dois futuros sogros.

O Ritual

Quer o ritual seja para um filho ou uma filha, a disposição da sala é a mesma. As diferenças estão nos símbolos e nos pontos enfatizados.

Coloque uma cadeira (duas se ambos os sogros forem participar) no centro da sala e, à frente, coloque outras quatro cadeiras alinhadas. Durante a primeira parte do ritual, você se senta sozinho na cadeira, como um indivíduo em separado, precisando de seu próprio espaço e existindo em seu próprio direito. Na sua frente está um símbolo seu, muito pessoal. Ele não liga você a nenhum relacionamento; certamente nem ao fato de ser pai.

A primeira parte do ritual é introspectiva e consiste em mudar sutilmente seu relacionamento em relação ao seu filho ou filha para que possa aceitar alegremente o fato de que "sua criança" está para se tornar um dono de casa separado, com a atenção focada fora da sua casa. Mesmo se ele estiver vivendo sozinho nos últimos anos ou entrando em uma vida a dois bem estabelecida, essa mudança delicada, mas significativa, é necessária. Não se trata de auto-abnegação, que leva a um profundo ressentimento, nem requer que se finja que tudo está perfeito. Uma aceitação verdadeira desse novo membro da família e das novas circunstâncias de sua prole é tudo o que é requerido de você. Se bem-sucedido, isso pode levar até mesmo a um relacionamento mais rico entre vocês.

Essa definição e aceitação desse novo conjunto de laços que deveriam idealmente ser feitos por ambas as gerações não é um processo simples. Muito do que era considerado garantido alguns anos atrás, pode não ser mais agora. Atitudes individuais precisam ser testadas. O comportamento familiar também se tornou menos regrado; então, ajustes mais radicais precisam ser feitos já, devido às expectativas das duas famílias.

Outra forma pela qual você pode reconhecer a unidade do jovem casal é não fazendo comparações entre as suas circunstâncias e as deles. Suas expectativas e experiência pessoal de casamento foram muito diferentes da realidade deles. Dê a eles todo o espaço de que precisarem para se desenvolverem como um casal, sem fazer-lhes carregar a substituição de suas alegrias e tristezas.

Quando estiver pronto, passe para a próxima parte do ritual, lembrando-se de que um processo de criatividade interior terá sido iniciado por você ter-se conscientizado do que quer conseguir com esse ritual. Um trabalho mais avançado pode ser feito depois.

Começando pelo casamento de um filho: vire sua cadeira para ele, que é o primeiro à esquerda. Lá está uma fotografia dele, tente vê-lo principalmente como seu filho e, então, como se ele não fosse seu filho. Honre o que ele conseguiu na escola, no trabalho, nos relacionamentos. Considere suas ambições e ideais.

Agora, desenhe um círculo em volta da sua cadeira e da dele, usando um pedaço de barbante. Esse círculo contém as partes de suas vidas que até agora foram partilhadas. Quando sentir certeza das mudanças necessárias, remova o barbante e forme um novo círculo para representar a área futura de intercâmbio entre vocês. Como o conflito entre gerações diminui com o casamento, pai e filho podem encontrar-se em bases adultas.

Remova o barbante.

Agora, vire-se para o lado da cadeira de sua nora, que é a quarta no alinhamento. Ali também você colocou uma foto. Expresse como você a considera um indivíduo separado de seu filho. Tente vê-la como uma pessoa completa, enfatizando para si mesmo tudo aquilo que mais gosta e respeita nela, como indivíduo. É importante estabelecer essa imagem para que nem você nem ela sintam, alguma vez, que ela é um simples apêndice do seu filho.

Em seguida, desenhe o círculo de barbante em volta da cadeira de vocês dois. Considere-se no novo relacionamento. Como você pode ajudar sua nora a sentir-se realmente bem-vinda em sua família? Como pode ajudá-la na transição para a vida de casada? O que tem a oferecer aos dois, como indivíduos?

Remova o barbante. Tire as duas cadeiras que você usou.

Nas duas cadeiras que sobraram no centro, coloque flores brancas ou qualquer outro símbolo que tenha escolhido para o casamento deles. Repita com o casal, como fez com os dois indivíduos, o processo de vê-los imparcialmente, mas de forma amável. Tente ter um senso real das fraquezas e forças deles, do relacionamento de um com o outro e da sua ligação de alma. Enquanto fizer isso, deixe de lado as ansiedades de pai. Não deixe qualquer ciúme ou inveja colorirem a sua visão.

Desenhe um círculo em volta da sua cadeira e das deles. Explore esse novo triângulo que foi formado; reconheça a nova dinâmica que foi criada. Como esse triângulo funcionará vai depender, em grande parte, de você, principalmente se você for a sogra. Esse poder carregado pela sogra é uma das razões pela qual ela é tão temida e, às vezes, evitada. À medida que considerar essa nova forma dentro de sua família, pense cuidadosamente sobre seu relacionamento com a possessividade, a interferência e a dominação. Você quer ou precisa ser a pessoa mais importante em um triângulo? Você entende o compromisso criativo?

Remova o barbante e fique quieto por um momento. Se quiser, termine o ritual com um agradecimento.

O casamento de uma filha tende a evocar num pai diferentes medos e necessidades de adaptação. O novo marido irá cuidar dela apropriadamente? As idéias e a forma de vida dele predominam de forma que a garota fique alienada da própria família? Tais medos podem facilmente levar a uma rápida e eficaz destruição do que os pais mais desejam: um relacionamento feliz com seu genro.

À medida que você ordenar o ritual para uma filha e seu novo marido, seguindo o padrão acima, tente intuir o que seria aceitável ou inaceitável para seu genro e a família dele, muito embora as famílias variem radicalmente em suas interpretações de interferência ou apoio, especialmente onde casamento entre pessoas de diferentes culturas está em questão. Esse assunto é provavelmente o mais delicado para todos os sogros, especialmente para os que têm filhas.

Como sogro, você não tem direitos. Você pode apenas se esforçar para estabelecer um relacionamento que fará com que seja um convidado bem-vindo no lar do casal.

Quando tiver ido o mais longe que puder para o momento, saia da sala.

Preparação

Coloque uma cadeira (duas se ambos os sogros forem participar) com quatro outras cadeiras em frente dela.

Escolha um símbolo para você, como indivíduo.

Coloque na primeira das quatro cadeiras uma fotografia de seu filho ou filha e, na quarta, uma foto de sua nora ou genro.

Tenha pronto seu símbolo para o casamento e um pedaço de barbante.

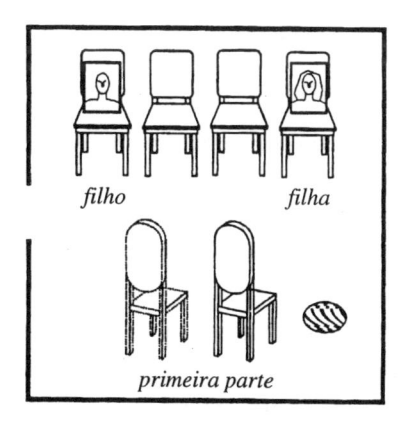

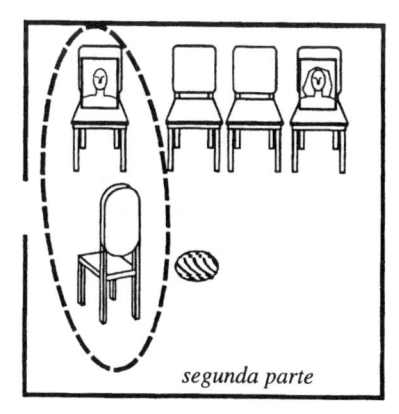

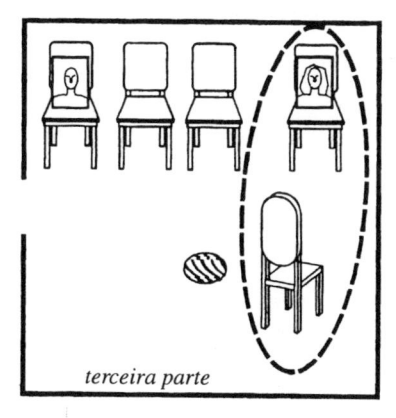

Cenário para o ritual do sogro

Recapitulando

- Sente-se na cadeira sozinho, com seu símbolo pessoal ao lado.
- Considere as mudanças e os novos limites necessários em seu relacionamento com seu filho ou filha.
- Forme um círculo com o barbante em volta de você e de seu filho ou filha. Considere como suas vidas foram até agora interligadas.
- Remova o círculo de barbante.
- Forme um novo círculo para conter seu novo relacionamento com seu filho ou filha.
- Remova o círculo.
- Considere seu genro ou sua nora como uma pessoa separada.
- Forme um círculo em volta de você e da quarta cadeira.
- Contemple seu relacionamento com ele ou com ela, uma vez que tenha se tornado sua nora ou seu genro.
- Remova o círculo.
- Tire as cadeiras um e quatro e coloque, nas duas que restaram, o símbolo para o casamento deles.
- Considere o casal o mais imparcialmente que puder.
- Desenhe um círculo em volta das três cadeiras.
- Explore esse novo território.
- Remova o círculo.
- Agradeça.
- Saia da sala.
- Desfaça o ritual.

Aposentadoria

Em uma sociedade onde trabalho e carreira recebem importância excessiva, a aposentadoria costuma ser vista como o fim da vida útil de uma pessoa. Tem-se a sensação de que ela anuncia um período de gradual desintegração, durante o qual a pessoa se torna uma crescente fonte de ansiedade para os demais. Poucas pessoas, especialmente homens, levam a sério seus planos para a aposentadoria — ou esperam que alguém o faça. A sociedade ocidental tem tão pouca consideração pelas pessoas mais velhas que elas acabam sentindo que suas atividades não significam mais do que brincadeiras de crianças. Apenas o trabalho que rende dinheiro é realmente valorizado na maior parte de nossa civilização, tanto que muitos de nós nos definimos pelos nossos trabalhos. Costumamos dizer "Eu sou um médico... escritor... fazendeiro", e não "eu sou uma pessoa que adora velejar e ler e ficar com minha família". Não espanta que a aposentadoria seja oficialmente considerada um dos fatores de estresse que mais leva a doenças sérias.

Como podemos ajudar a desativar esse perigo em potencial em tão melancólica situação? Como podemos fazer-nos olhar para a aposentadoria como o começo de uma excitante e satisfatória fase de nossas vidas quando somos chamados — freqüentemente pela primeira vez — a considerar nossas próprias necessidades mais do que as dos outros?

É uma questão de adaptação. Não há nada de errado em mudar a ênfase de *fazer* para *ser* ou em tornar-se um maior observador interno. Para relacionar-se diferentemente com todas as questões de poder e responsabilidade, encontrar novos interesses e valorizar a sensação de tranqüilidade são todas as atividades apropriadas a esse momento da vida e devem ser aproveitadas. Pode ser que esse seja o único período de nossas vidas em que possamos moldar ativamente alguma coisa que nunca fomos capazes de fazer quando jovem ou quando presos à roda do trabalho/carreira/dinheiro.

Fatores de forte medo podem surgir durante esse período e ser muito difíceis de se erradicar. Nossa situação econômica, por exemplo, pode fazer o futuro parecer incerto. Nossa saúde pode nos preocupar. O desejo de não ser um crescente fardo para nossa família ou vizinhos também pode ser dominante. Mas qualquer uma dessas dificuldades, se nossa atitude fundamental em relação aos nossos anos após a aposentadoria for de curiosidade e otimismo, mesmo esses medos, terão menos poder.

O Ritual

Arrume a sala para que a metade esquerda dela represente seus anos de trabalho e a metade direita, sua vida futura. Entre elas, coloque uma cadeira. Em cada parte, coloque os símbolos apropriados. Aqueles que você escolheu para sua aposentadoria precisam de um cuidado especial, já que irão definir sua visão de si mesmo nos próximos anos. Aqui pode, por exemplo, estar um caderno pronto para as instituições filantrópicas em que irá servir; um instrumento de jardinagem ou raquete de tênis ou tabuleiro de xadrez podem lembrá-lo do maior lazer de que poderá usufruir a partir de agora. Fotografias da família e amigos irão lhe afirmar o tempo extra agora disponível para as pessoas. Qualquer talento criativo que você queira incentivar pode ser representado por uma pintura ou instrumento musical.

Amigos que o estiverem ajudando nesse ritual podem começar do lado da sala que quiserem. Se alguém tiver feito parte de sua vida profissional e for se manter seu amigo, pode preferir começar pelo lado esquerdo e depois mudar para a metade direita, para indicar a maneira nova e menos formal em que irão se relacionar a partir de então.

Vá para a metade esquerda da sala e dirija-se aos símbolos de sua vida profissional. Se foi feliz em seu trabalho, agradeça por toda a experiência e prazer que lhe proporcionou. Se foi infeliz, reconheça qualquer vantagem que tenha lhe trazido e tente dispensar as desvantagens para que não venham a se tornar um núcleo de tristeza. Se sua vida profissional tiver sido tão terrível a ponto de você estar 100% satisfeito por livrar-se dela, admita esse fato, mas não se prenda a ele — isso passou e coisas melhores estão vindo.

Quando tiver terminado essa parte do ritual, embale os símbolos para guardar ou destruir depois. Enquanto estiver fazendo isso, registre profundamente em seu ser que você não está mais preso ao seu trabalho e não é mais, primariamente, definido por ele. Você é a soma total de tudo o que fez e foi, o que inclui muito mais do que ser um mero recebedor de dinheiro.

Passe agora para a cadeira central, onde você está em um estado de transição. Dela, olhe cuidadosamente para os seus símbolos para os anos seguintes. Tinja-os com toda a esperança que sentir.

Caminhe para a área da aposentadoria e convide para ela — estando presentes ou não — todos aqueles com quem você quer compartilhar seu novo ciclo. Se quiser, convide-os individualmente.

Agora, dê um momento para considerar esse grande passo de separar-se de um certo aspecto de sua vida terrena. Longe de ser assustador, isso pode ser visto como um passo de grande importância. Se tiver se desprendido com sucesso dos velhos comportamentos e dos padrões obsoletos de pensamento, os afastamentos futuros — e, finalmente, os últimos — serão mais simples e também mais positivos.

Saia da sala, seguido pelos outros participantes.

Desfaça o ritual.

Preparação

Divida a sala em uma área para a vida profissional e outra para a vida de aposentado, com uma única cadeira como linha divisória.

Coloque, nas respectivas áreas, símbolos e fotografias representando cada fase da sua vida.

Tenha um lugar para guardar os símbolos de sua vida profissional.

Recapitulando

- Sua família e amigos vão para a seção na qual quiserem começar.
- Você vai para a área da vida profissional e dirige-se aos símbolos.
- Coloque-os dentro do lugar que tiver separado.
- Considere sua nova posição.

- Sente-se na cadeira central e contemple seus símbolos para a aposentadoria.
- Vá para a área da aposentadoria e dirija-se àqueles que irão participar disso com você.
- Considere o elemento de separação que há nesse ritual e o futuro afastamento para o qual ele o está preparando.
- Saia da sala, seguido por seus amigos.
- Desfaça o ritual.

Morte 1

Em nossa sociedade ocidental, funerais, assim como batizados e casamentos, são quase sempre administrados de acordo com os preceitos de uma religião formal. Mas para muitas pessoas, a finalidade de um enterro cristão ou judaico é insuficiente porque contradiz suas crenças de que voltamos muitas vezes à Terra: essa vida é apenas uma conta no colar que é nossa vida total. Se é assim, então a morte não é apenas uma condição temporária, nós a temos experimentado por muitas vezes. Estamos certos, portanto, em um nível muito além de nosso pensamento consciente, de que o lugar para o qual vamos entre nossas vidas é onde encontramos a harmonia e o amor constantemente buscados na Terra. É que a restrição e a dor da vida na Terra são difíceis de suportar.

Para aqueles que estão convencidos disso, o tom completo do ritual para a morte pode ser modificado. Enquanto lamentamos a perda de uma companhia amada podemos, ao mesmo tempo, estar celebrando sua libertação para um período de reunião com a Fonte e com suas muitas almas companheiras.

Nesse ritual, então, você está dizendo apenas um adeus temporário; a ênfase está em celebrar o que a alma alcançou em todos os níveis durante sua curta estada na Terra. Você também está afirmando em seu ritual a presença de todas aquelas almas, encarnadas ou desencarnadas, que têm estado intimamente ligadas — nessa e em outras vidas — à pessoa morta. Elas o estarão ajudando em todos os sentidos e estarão preparando as boas-vindas do outro lado, onde irão compartilhar com a pessoa morta suas experiências na Terra.

Para ajudar o falecido a passar da consciência terrena para uma consciência maior, você e todos os participantes do ritual devem, primeiro, encontrar um ponto de equilíbrio interior mediante o qual essa ajuda pode ser dada. Na preparação, cada um precisa expressar sua dor, preferencialmente a sós e, se possível, ao ar livre. Os ciclos da vida e da morte são mais facilmente contatados na presença de árvores e plantas, da terra e do céu. Quanto maior for a sua proximidade da pessoa que morreu, especialmente se a morte foi inesperada, maior será o tempo que você irá precisar. Qualquer tentativa de acelerar ou eliminar partes desse processo, ou de qualquer outra fase de seu luto, irá apenas resultar na necessidade futura de mais tempo e atenção. Esse é um processo que precisa sair através de todo o seu corpo e da sua psique.

Se sentir necessidade de formalizar esse tempo de preparação, faça um pequeno círculo de pedras e, dentro, coloque quaisquer objetos que se relacionem com a pessoa morta. Uma fotografia ou um presente que ela lhe tenha dado também pode ser útil. Então, entre no círculo, deixando todas as considerações para trás de você. Vocês dois estão sozinhos e totalmente seguros aqui: qualquer coisa pode ser dita ou feita; quaisquer arrependimentos ou fracassos podem ser expressados, qualquer agradecimento não dito poderá sê-lo. Se, por outro lado, você simplesmente quiser se sentar e ficar pensando na pessoa, isso também é perfeitamente aceitável. O importante é que seus pensamentos atinjam um grau de serenidade que possa ajudar seu parente ou amigo durante esse ritual.

Lembre-se sempre de que a morte de alguém não termina a jornada compartilhada entre vocês. Estar dando ou recebendo o perdão, por exemplo, pode ser um processo contínuo. Com isso em mente, não se limite em fazer esse ritual apenas para aqueles a quem amou. Aqueles com quem você teve os relacionamentos mais difíceis são, às vezes, para quem o ritual seria mais benéfico — tanto para eles quanto para você.

A cerimônia principal deve ter lugar três dias depois da morte; isso ajuda o processo pelo qual o espírito retorna para sua verdadeira casa, processo esse que leva três dias e consiste em renunciar a todos os elos com a Terra e a desintegrar os vários "corpos" com os quais estava vestido para aqui permanecer.

O Ritual

Faça um círculo de pedras e flores e entre, sozinho ou com amigos.

Entre em um estado de meditação, com os olhos fechados. Imagine uma espiral indo sempre para cima, envolvendo os corpos físico, etérico, astral e mental, que não são mais necessários à pessoa morta (veja diagrama na p. 24). Visualize os elementais do ar trabalhando com você para ajudar a transmutar esses corpos, a fim de fazê-los voltar ao estado de pura energia. À medida que a espiral se move para cima, a alma é finalmente libertada para subir em direção à Fonte.

Quando você sentir que fez o que podia, coloque uma cruz dentro de um círculo de luz na espiral e deixe-a, lentamente, ir embora. Abra seus olhos. Quando todos vocês tiverem terminado a visualização, dêem-se as mãos e cantem o mantra budista *Om* três vezes. (Para isso, diga a palavra *Om* no tom que preferir e permita que a vibração permaneça pelo tempo que for confortável para você.) Isso irá harmonizar tudo o que tiverem feito e o levará para o mundo.

Saia do círculo.

Desfaça-o.

Preparação

Atinja o melhor grau de serenidade que puder.
Faça um círculo de pedras e flores.

Recapitulando

- Fique dentro do círculo de pedras.
- Visualize uma espiral levando os vários corpos do morto.
- Visualize os elementais do ar trabalhando com você.
- Cante três vezes o mantra *Om*.
- Saia do círculo.
- Desfaça-o.

Morte 2

Para as pessoas que não conseguem endossar verdadeiramente os ensinamentos do cristianismo ou de outras religiões, os funerais convencionais podem ser ainda mais insuficientes e revoltantes, o que é lamentável em um momento de dor. Precisamos dizer o nosso adeus em paz e de um jeito que pareça completo para ambas as partes envolvidas.

O ritual proposto aqui é muito adaptável e pode ser feito em adição ao funeral tradicional ou em uma ocasião separada, quando poderá ser feito sozinho ou com amigos.

Uma das características mais lastimáveis do funeral da igreja é o sentimento de fim criado pelo conceito de "tu és pó e ao pó voltarás". A imensa paz e alegria de ser um com a mente de Deus, mal é mencionada; a promessa de uma reunião futura com os amados, não é suficientemente enfatizada; também somos tão fervorosamente levados a identificar a pessoa morta com o seu corpo ("homem que nasceu da mulher" etc.), que geralmente é esquecido o fato de que nós não somos o nosso corpo: somos uma gota imortal do Divino que, descendo na atmosfera densa da Terra, foi forçada a ficar por um tempo, como um corpo mortal. O fato de essa "gota imortal do Divino" ter concluído sua jornada na Terra é muito triste para os que ficam, mas não para a alma, que retorna ao estado de felicidade dito pelos místicos de todos os tempos.

Não estamos, portanto, em um funeral para lamentar a dissolução da pessoa física. Estamos para ajudar sua alma a passar, de forma segura e pacífica, para outro reino de consciência onde irá continuar, de um modo diferente, seu caminho. Para isso, nosso incentivo e força podem ser de grande ajuda.

O Ritual

Esta cerimônia só deve acontecer três dias após a morte, que é o tempo necessário para que a alma se liberte de seu corpo físico.

Se possível, escolha, para seu ritual, o lugar onde sentir que o morto mais gostaria de fazer sua despedida deste mundo.

Para essa cerimônia, você precisa de dois símbolos: o símbolo para o corpo deve ser algo que se queime facilmente, assim como uma flor de papel na cor favorita da pessoa, e o para a alma deve, ao contrário, ser algo indestrutível, como uma pedra ou um cristal. Se sentir que alguma coisa está faltando, pode utilizar um símbolo adicional de uma estrela ou sol, para servir como lembrete de que nossas almas pertencem por toda a eternidade ao universo infinito.

Coloque quatro velas em forma de um quadrado e, no centro, ponha os símbolos e qualquer coisa que represente, para você, as contribuições que a pessoa fez ao mundo. Junto disso, pode fazer também uma pequena lista de suas qualidades e traços de personalidade.

Acenda as velas.

Dentro do quadrado, faça um círculo em pé e passe lentamente por dentro dele o símbolo escolhido para o corpo. Diga adeus, alto ou em silêncio (se mais pessoas estiverem participando do ritual, cada uma delas deve, neste momento, também dizer o seu adeus). Quando tiver terminado, queime o símbolo por completo.

Então, em silêncio, passe pelo círculo o símbolo escolhido para a alma. É ele que permanecerá, vivo e vital como sempre. Após um momento, dê um passo para trás, em reconhecimento da necessidade da alma de ser libertada de todas as preocupações mundanas (se mais pessoas estiverem participando, elas farão a mesma coisa).

Apague as velas e deixe o quadrado, levando as velas com você.

O símbolo, ou símbolos, deve ser deixado no local por alguns minutos. Depois, você ou algum dos participantes do ritual deverá apanhá-lo e, juntos, deixá-lo reverentemente em qualquer lugar que sintam que ele estará mais "em casa".

Cantar uma música, um hino ou o mantra *Om* no final da cerimônia pode trazer uma grande libertação e até prazer.

Preparação

Tenha pronto um recipiente para queimar o símbolo para o corpo do morto.

Forme um quadrado com quatro velas.
Coloque o símbolo no centro do quadrado.
Decore o quadrado com flores.

Recapitulando

- Acenda as velas.
- Faça um círculo dentro do quadrado.
- Passe o símbolo para o corpo através dele; cada um apresenta as suas despedidas.
- Queime esse símbolo no recipiente.
- Passe o símbolo da alma através do círculo e, depois, coloque-o de volta no centro.
- Dê um passo para trás. Outros participantes fazem o mesmo.
- Apague as velas.
- Saia (ou saiam) do local por alguns minutos, levando as velas.
- Uma pessoa pega o símbolo, ou os símbolos, e, junto com os demais participantes do ritual, levam-no para um local escolhido.
- Cantem um hino ou música ou *Om*.

Rituais para sua Jornada Espiritual

Introdução aos Rituais

Esse grupo de rituais preocupa-se com o desenvolvimento espiritual do indivíduo. Em todas as situações examinadas aqui, supõe-se que alguma coisa, possivelmente não definida conscientemente, está impedindo a pessoa de atingir seu potencial. Esse capítulo é para pessoas que já cumpriram uma parte do compromisso espiritual e estão, agora, prontas para ultrapassar seus obstáculos particulares para alcançar a sua força total.

Nenhum desses rituais deve ser feito rapidamente. Eles irão alterar consideravelmente seu relacionamento consigo próprio e com tudo a sua volta.

Supõe-se que, se você está preparado para eles, já terá encontrado as pessoas com quem irá fazê-los. Pedindo essa ajuda, estará ajudando seus amigos a seguirem em direção ao próximo estágio de seus desenvolvimentos.

Encarnação 1

Um impressionante número de pessoas está andando pelo nosso planeta praticamente contra a própria vontade. As razões pelas quais tais pessoas resistem em permanecer aqui são variadas, mas as conseqüências sempre são desastrosas. Sentindo que não pertencem realmente à Terra, elas não podem comprometer-se realmente com qualquer situação ou relacionamento. Seu descontentamento vai além de qualquer estado normal de inquietação; elas, na verdade, nunca estão completas. Seja consciente ou inconscientemente, elas se reconhecem incapazes de lidar com as demandas e a dor da vida diária e se protegem deixando seus chakras inferiores pouco desenvolvidos. Em outras palavras, elas não estão "ancoradas na Terra". Tirando levemente a nata da realidade, com seus chakras superiores hiper-ativos e suas cabeças nas nuvens, elas são constantemente puxadas por aqueles reinos aos quais estão ligados.

Para qualquer um que queira alterar essa situação insatisfatória, é importante, antes de mais nada, entender por que não consegue se abrir sinceramente para a vida. Antes de descer à Terra você, sem dúvida, tinha consciência do padrão geral dessa encarnação. Isso evoluiu suficientemente e você até ajudou seus guias a escolherem o que era preparado para enfrentar nessa vida, de forma que não foi pego de surpresa. Quando, de fato, encarou as dificuldades, medos e tristezas dessa vida, no entanto, você pode, quase inexplicavelmente, ter ficado tão intimidado que decidiu ficar o mais distante possível de seu corpo e da vida. Outra possibilidade é que, quando reentrou nas vibrações da Terra e se reconectou com a memória do excessivo sofrimento em uma ou várias de suas vidas passadas, isso tenha sido tão infeliz que você acabou prendendo esse sofrimento a si.

Quer nossa relutância em encarnar seja originada da antecipação ou da lembrança de medos e tristezas, a mensagem oferecida por um ritual, para ter algum efeito prático, deve ser tanto a de reafirmar quanto de incentivar a encarnação. Para isso, precisamos ouvir as repetidas mensagens dos Mundos Superiores. Muitas e muitas vezes eles têm empenhado sua palavra: embora assustador, nada que ultrapasse nossas capacidades será requerido de nós. Esse conhecimento não vem facilmente à tona nas pessoas que tiveram melhores razões para bloqueá-lo. Aqueles que precisam desse ritual serão, inevitavelmente, pessoas sensíveis e feridas. Apenas uma grande compaixão e paciência irá, finalmente, persuadi-los a que permaneçam na Terra.

O ritual a seguir tem uma forte influência dos índios norte-americanos e deve ser realizado apenas se você sentir alguma afinidade com as culturas nativas da América. É particularmente destinado às pessoas que consideram essa solidão e afastamento preferíveis às possíveis dor e tristeza de um compromisso. Embora possa parecer difícil envolver os outros em um ritual dessa natureza, eles não precisam estar presentes; mas sua presença mostra que a pessoa deu o primeiro passo para aceitar as pessoas como parte de seu mundo, como possíveis instrumentos para o seu aprendizado.

O Ritual

O ambiente consiste em um círculo de doze pedras, cada uma representando um signo do Zodíaco. O círculo completo que elas formam simboliza o mundo no qual você está escolhendo encarnar. Essas pedras devem estar colocadas em sentido horário, na correta ordem astrológica, começando pelo seu próprio signo solar a Sudoeste do círculo. (No diagrama na p. 80, foi usado o signo de Câncer.) A única interrupção na seqüência dos signos é a seguinte: a pedra que representa o seu ascendente deve ser colocada a Sudeste do círculo, e a que normalmente ficaria lá, será colocada no lugar do ascendente. (O ascendente também é conhecido como "signo próspero" e pode ser calculado para você por um astrólogo que saiba sua data, local e horário de nascimento. No diagrama, Sagitário é usado como ascendente.) Porque você entrou no mundo em um certo momento do ano, manifestando certos padrões ligados com o signo solar, seu caminho de entrada no círculo deve ser para a esquerda da sua pedra do nascimento. Igualmente importante para você é o seu signo ascendente, cujas características irão colorir sua aproximação com o mundo. A saída de seu caminho no círculo irá, portanto, estar à esquerda da pedra de seu ascendente. Para enfatizar seu contato especial com essas duas energias, toque essas duas pedras levemente ao entrar no círculo.

No centro do círculo, ponha uma pequena quantidade de terra, uma planta e dois galhos, representando suas duas árvores favoritas. Juntos, eles simbolizam a beleza e a estabilidade do mundo natural.

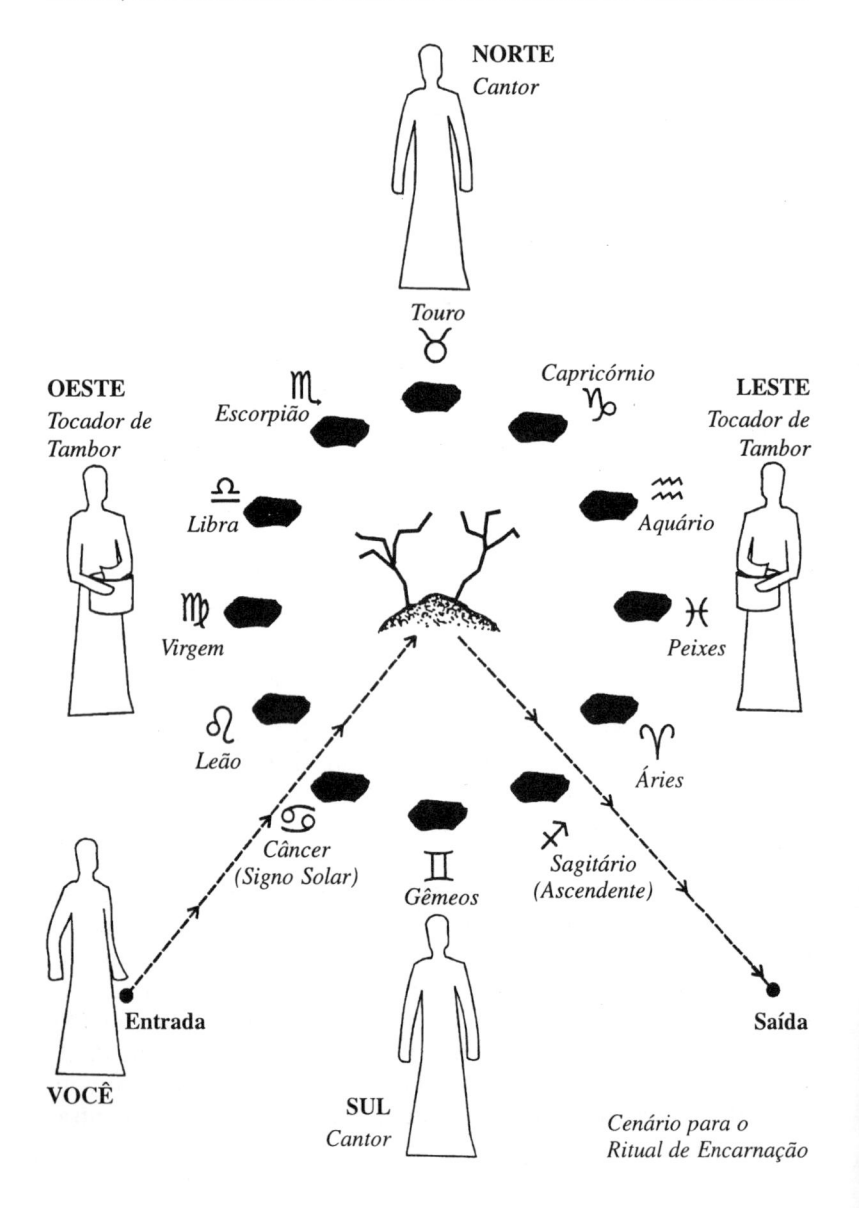

Cenário para o Ritual de Encarnação

Em cada um dos pontos cardeais do círculo, coloque um de seus colaboradores: os cantores ao Norte e ao Sul, e os tocadores de tambor a Leste e a Oeste. A escolha da posição deve ser feita com cuidado, porque em todo ritual dos índios da américa do norte os pontos da bússola têm grande significado. As energias de cada colaborador devem coincidir o máximo possível com as tradicionais energias e dons das quatro direções.

Do Norte vêm os ventos que trazem disciplina e ordem; do Sul fluem a ternura e a realização do verão. O Leste nos traz novos começos e o frescor da juventude; enquanto no Oeste mora a sabedoria que alimenta nosso constante renascimento. Trabalhando como uma equipe, com movimento e som, seus quatro colaboradores estão lá para chamá-lo para a segurança do círculo e dar-lhe as boas-vindas em seu lugar especial no planeta Terra.

O ritual começa com você descalço, a Sudoeste do círculo. Já que é do Leste que os novos começos surgem, o tocador de tambor é quem faz o primeiro movimento — o balançar de um pé para o outro muito lento — e quem está a Oeste responde com o mesmo movimento. Com a definição da passagem diária do Sol de Leste para Oeste, sua presença como um ser espiritual foi evocada para o ritual. O arrastar ritmado dos pés pode, agora, ser acompanhado por uma suave batida de tambor, vinda do Leste. O movimento puxado pelo som é o bater do coração do universo. Este movimento é levemente acompanhado pelo tocador de tambor a Oeste. À medida que os dois ganharem força, seus pés começam a bater mais persistentemente.

Assim que os cantores intuírem que é o momento certo, o do Norte começa a chamar. Embora sua música seja exigente, seu símbolo da Águia também é o portador de muito mais visão e coragem e, assim que essa parte do círculo participa do ritual, você pode começar a sentir sua coluna vertebral se fortalecer. O mundo pode ser difícil, mas é de onde você é e por onde passará rapidamente — por sua livre vontade. Quando o suave som do Sul responder, o Ser da Lua é evocado. O canto vai de um lado para o outro e o tambor, agora, fica mais suave.

"É seguro", a primeira voz murmura para você.
"É sua casa", outro afirma.
"Você está protegido", diz outro.
"Nós lhe damos as boas-vindas", vem como réplica.

Da forma mais simples possível, expressando total reafirmação e aceitação, a mensagem é dada várias vezes.

Quando souber, na parte mais profunda de si mesmo, que o mundo é realmente um lugar onde pode entrar, vá em frente, no seu ritmo. Não se prenda ao ritmo dos tambores ou do canto; simplesmente esteja consciente do som que chama, até persuade, mas nunca invade. A tristeza e solidão onde passou tanto tempo de sua vida não podem ser dispersadas em poucos minutos.

Mova-se sem preocupação para dentro do círculo, lembrando-se de fazer contato com sua pedra do nascimento quando passar por ela. Quando chegar no monte de terra, faça um ziguezague com os pés por ele, encarando o Sul. Toque em suas duas árvores. Agora você está realmente na Terra. Lentamente, os tambores e o canto vão se calando.

Quando estiver pronto, saia do círculo em silêncio, tocando a pedra do seu ascendente, ao passar, para afirmar sua aceitação de qualquer padrão de comportamento que você tenha escolhido para essa vida.

Os colaboradores o seguem para fora do círculo, na seguinte ordem: tocador de tambor do Leste, cantor do Sul, tocador de tambor do Oeste, cantor do Norte.

Saia da sala.

Desfaça o ritual.

*P*reparação

Consiga dois tambores, ou improvise com outro objeto que se adapte.

Faça um círculo com doze pedras representando os signos do Zodíaco; seguindo a ordem dada anteriormente.

Coloque cartões com os nomes ao lado de cada pedra.

Faça um pequeno monte de terra no centro do círculo.

Coloque dois galhos ou ramos no monte e dê-lhes os nomes de suas árvores favoritas.

Recapitulando

- Dois cantores ficam ao Norte e ao Sul.
- Dois tocadores de tambor ficam um a Leste e outro a Oeste.

- Você fica descalço, com seu signo solar à sua direita.
- O tocador de tambor do Leste bate lentamente um pé seguido do outro.
- O tocador de tambor do Oeste responde com o mesmo movimento.
- O tocador de tambor do Leste bate suavemente em seu tambor.
- O tocador de tambor do Oeste responde e ambos começam a dar timbre.
- O cantor do Norte começa a chamar.
- O cantor do Sul responde.
- Entre no círculo, tocando em sua pedra do nascimento quando passar por ela.
- Brinque com seu pé dentro do monte de terra.
- Toque cada uma das árvores.
- Quando estiver fortemente enraizado, os tambores baixam o volume.
- O tambor e o canto terminam.
- Saia do círculo com a pedra de seu ascendente a sua direita, tocando-a quando passar.
- O tocador de tambor do Leste e o cantor do Sul, o tocador de tambor do Oeste e o cantor do Norte, nesta ordem, o seguem para fora do círculo.
- Saia da sala.
- Desfaça o ritual.

Encarnação 2

Nesse segundo ritual também lhe será dado muito tempo para superar sua relutância em estar na Terra. Tendo participado de cada um dos reinos animais antes de se tornar um ser humano, é esperado que você perca alguns de seus medos da encarnação.

O Ritual

Imagine sua sala como uma bela ilha. Separe-a em três seções com almofadas. A área à direita, que você deve cobrir com um tecido ou cobertor azul, representa o mar. Quente e claro, é um reino intermediário entre o céu, de onde você desceu, e o mundo, ao qual agora deseja pertencer. A seção central é a praia; à esquerda está um pequeno templo.

Esse templo pode ser alcançado apenas por passos imaginários no vento, por cima de um íngreme precipício; lá podem ser encontradas todas as suas metas espirituais para essa vida. Se ir até lá, hoje, parecer-lhe um ato prematuro, não se preocupe. Apenas saber que ele existe irá adicionar uma maior dimensão à cerimônia e, como em todos esses rituais, pode-se dar um passo depois.

Pelas mesmas razões que foram dadas no primeiro ritual para encarnação, é melhor ordenar sua encarnação como parte de um grupo. As pessoas podem ficar juntas ou separadas, onde sentirem ser apropriado. Suas posições podem mudar para cada parte do ritual.

Durante a primeira parte dessa cerimônia você é uma gaivota pairando sobre esta bela pequena ilha. Você ainda é livre de muitas maneiras: nenhuma cobrança lhe é feita; muito pouco ameaça o seu conforto e segurança. É a sua dependência do mar para se alimentar que lhe dá o seu primeiro contato físico com este planeta. Explore o ar e o mar completamente, sentindo sua inter-relação. Quando estiver realmente à vontade com ambos, pare por um momento.

Agora, transforme-se em uma serpente do mar e nade livremente pela água clara. Tudo o que você precisa está à mão, alimentando-o.

Aproveite isso. Quando se sentir realmente feliz e seguro, descanse um pouco para perceber seu progresso.

Depois, você se transforma em um réptil de sua escolha e começa a ter experiências com o elemento Terra, explorando a praia e sabendo que pode retirar-se para o conhecido ambiente do mar se algum perigo, real ou imaginário, o ameaçar. Pare novamente quando esse estágio estiver completo.

Quando sentir-se seguro e estiver preparado para um maior compromisso, transforme-se em qualquer criatura de quatro patas com a qual se sinta mais próximo e ande pela praia como se fosse esse animal. Explore as árvores, as pedras e as cavernas dessa face do precipício e, se em algum momento se sentir vulnerável, esse lugar lhe oferecerá abrigo. Nada lhe é requerido além da autopreservação. Nenhum medo ou tristeza humanos podem atingi-lo. Mova-se livremente, com confiança e alegremente.

Pare de novo, desta vez por um período um pouco maior porque agora você vai dar o passo para a encarnação humana. Você está prestes a ficar em pé e a tornar-se um Homem. Quando se sentir preparado para isso, diga alto e com convicção: "Finalmente, eu estou aqui".

Se puder fazer isso confortavelmente, acrescente à sua declaração: "Eu estou feliz por estar aqui. É de onde serei pelos próximos anos".

Se sentir que isso é o máximo que pode fazer, saia da sala seguido por seus colaboradores.

Desfaça o ritual.

Se, no entanto, sentir-se capaz de realizar a última fase do ritual agora, mova-se lentamente e sozinho para a seção do templo, deixando que, da praia, seus colaboradores prestem ajuda.

Imagine-se escalando o precipício. Alcançando o pequeno prédio branco acima do mar, erga seus braços e proclame sua invejável e única posição como essa criatura que é tanto parte da Terra como do Céu.

Volte para a praia.

Saia da sala, seguido por seus colaboradores.

Desfaça o ritual.

Caso sinta que sua vida até o momento presente foi dolorosamente incompleta por ter participado dela pela metade, um adendo a esse ritual pode ser feito agora ou depois. Retrate, embora brevemente, os pontos importantes da sua vida. Fazer isso nesse cenário irá, realmente, ancorar seu passado à nova realidade que você criou.

Preparação

Separe a sala com almofadas em três seções: o templo, a praia e o mar.
Cubra a seção do mar com um tecido ou cobertor azul.
Peça aos colaboradores que fiquem onde desejarem.

Recapitulando

- Seja uma gaivota, ocasionalmente imergindo no mar.
- Pare.
- Seja uma serpente marinha.
- Pare.
- Seja um réptil.
- Pare.
- Seja um quadrúpede de sua escolha.
- Pare.
- Seja você mesmo, como um ser humano.
- Expresse sua alegria em estar encarnado.
- Saia da sala.
- Desfaça o ritual.
- Se quiser continuar: escale até o templo, deixando seus colaboradores na praia. Declare-se um homem espiritual.
- Se sentir necessidade, enumere os pontos importantes da sua vida para ancorar isso à sua nova realidade.

Tomando o seu poder

Muitas pessoas que já estão prontas para ficar com seu próprio poder continuam operando com metade de sua capacidade. Algumas não têm consciência disso, mas outras, para quem isso é uma fonte de enorme frustração, continuam sendo incapazes de fazer a mudança. Por quê? O que as prende?

A atual transição para a Era de Aquário é um momento de grande crise, onde cada um de nós precisa ter o seu máximo poder espiritual; mas esse poder deve ser sólida e rigorosamente examinado. Os Mundos Superiores não nos podem arriscar, tratando isso superficialmente neste momento; não podem, deliberadamente, deixar que abusemos disso — como bem podemos ter feito no passado. Se esse foi o caso, nossas vidas atuais incluirão, quase inevitavelmente, o conhecimento do que é estar à mercê dos outros, manipulado por seus próprios fins. Talvez tenhamos crescido com um padrasto que nos odiava ou casado com um parceiro tirânico. Talvez tenhamos nascido incapacitados ou tão pobres que nosso talento criativo teve de ser abandonado para ganhar a vida em um emprego servil. É apenas depois de aprender o poder e a responsabilidade na parte mais profunda de nosso ser, que seremos autorizados a assumir nosso verdadeiro poder.

Os efeitos psicológicos corrosivos das condições de vida atual combinados com uma memória mais ou menos consciente do passado — freqüentemente apavorante — bem podem ter solapado nossa autoconfiança. Se soubermos de primeira mão as conseqüências do abuso de poder, iremos temer e repetir os mesmos padrões do passado. O instinto nos alertará que um fracasso, dessa vez, seria desastroso. Tão urgentemente como os Mundos Superiores, nós também precisamos ter a certeza inequívoca de que estamos prontos para servir.

O Ritual

Se você se sentir pronto para dar um passo em direção ao seu poder, o ritual a seguir é uma sugestão. Ele contém certas proteções para que, se quiser, você possa retroceder a qualquer momento.

O desenho para o ritual é um círculo de pedras tendo ao centro um símbolo do seu poder. Pode ser um cristal, uma coroa, uma chama, uma pena ou até mesmo um espaço em branco. É importante que o símbolo não tenha uma qualidade limitada; ele deve representar a maior porção de poder a que você tem acesso agora, mas que pode sempre crescer se você estiver disposto a tanto.

Pelo lado de fora desse círculo, coloque uma echarpe para cada um dos medos, necessidades ou hesitações que estão tentando impedi-lo de acessar seu poder. Ao colocar cada echarpe no chão, nomeie-as claramente e defina como estão lhe afetando. Então, ande lentamente em volta de todo o círculo, comprometendo-se, mais uma vez, com esse processo contínuo.

Seus medos formam um círculo mágico que pode ser cruzado apenas quando tiver se livrado dos impedimentos que eles representam. Após manter um diálogo com cada um, jogue as echarpes correspondentes em um cesto de lixo que você colocou na entrada do círculo. Não esconda de si mesmo nada que fique entre você e seu poder. Se tiver alguma dúvida neste ponto, é melhor parar o ritual do que continuar em estado de medo ou de confusão.

À medida que andar em volta do círculo, mantenha um forte contato com o símbolo do seu poder que se encontra no centro. Ele está chamando por você? Você se sente confortável com ele? Você entende completamente com o que está se comprometendo? Considerou o custo de tudo o que precisa renunciar? Tem força física e psicológica suficientes? Continue andando pelo círculo até essas questões serem satisfatoriamente respondidas.

Agora, pedindo por toda a força e proteção disponíveis, e lembrando-se de que está fazendo um movimento com conseqüências que serão duradouras, entre no círculo. Segurando seu símbolo nas mãos, dedique-se, tanto quanto a sua vida, a usar o poder para o bem da humanidade.

Após alguns minutos, saia do círculo levando o símbolo.

Desfaça o ritual.

A cada vez que repetir a cerimônia, reavalie completamente as qualidades e forças ligadas a cada uma das echarpes e ao seu símbolo de poder. Não tenha nada como garantido: cada vez que entrar novamente no círculo, irá passar por uma grande mudança, não apenas dentro de si, mas também em seu relacionamento com o mundo.

Preparação

Faça um círculo de pedras.
Coloque no centro o símbolo do seu poder.
Tenha tantas echarpes quantas for precisar.
Coloque um cesto de lixo na entrada do círculo.

Recapitulando

- Coloque as echarpes em volta e por fora do círculo, nomeando cada uma à medida que colocá-las no chão.
- Converse com cada uma das echarpes, enquanto mantém contato com o símbolo do poder, no centro.
- Ao fim de cada diálogo, coloque a echarpe no cesto de lixo.
- Ande lentamente em volta do círculo, concentrando-se no símbolo do seu poder.
- Quando se sentir pronto, entre no círculo.
- Segurando seu símbolo, dedique seu poder a servir e ao maior bem que puder alcançar.
- Fique por alguns minutos no centro do círculo.
- Saia do círculo, segurando o seu símbolo.
- Desmonte o local do ritual.

Religando-se à Fonte

Muitas pessoas, hoje, sentem-se cortadas da Fonte de onde foram originadas, enquanto outras nem sequer acreditam que tal Fonte seja acessível a nós ou mesmo exista. Isso deixa ambos os grupos vulneráveis e sozinhos, presas fáceis para qualquer medo. Uma cerimônia para contatar esse ser, qualquer que seja a forma dele para você, pode ser um instrumento muito forte para dispersar os seus medos e restaurar o sentimento de unicidade com o qual você veio para o mundo.

O Ritual

O símbolo sugerido para a Fonte nesse ritual é o do Sol unido com a Lua, uma forma muito antiga de representar a conclusão do Universo. Se, por alguma razão, isso for inaceitável para você, encontre um símbolo mais abstrato. Coloque o seu símbolo da Fonte em uma mesa, na parte do círculo que fica à sua frente quando você entra. Ponha na frente do símbolo uma série de madeiras ou tiras de tecido para representar os degraus que você deve subir para alcançar a Fonte. Amarre em seu símbolo uma linha de algodão que você carregará durante toda a cerimônia.

Se houver outros participantes, eles devem ficar ao lado esquerdo dos degraus — eles têm um papel passivo, mas sua fé e apoio podem contribuir muito.

No começo da cerimônia, você está no degrau "mais baixo". O fio prendendo você à Fonte encontra-se frouxo, simbolizando seu atual isolamento dela. Explore esse degrau para ver quando essa natural ligação foi rompida ou se a mesma atrofiou-se lentamente. Examine algumas quebras que foram criadas pelo medo e pela desconfiança e tente desvendar qualquer ceticismo que tenha destruído sua crença na Fonte e sua ligação com ela. Se parecer que, realmente, não existem rupturas em seu fio, mas sim um sentimento recoberto de bolor, como se a falta de uso tivesse tirado o seu poder, aspire isso para dentro de você com toda a força que puder invocar e libere, afirmando que o descuido agora é coisa do passado. Puxe o fio, tornando-o mais tenso.

Com o fio entre você e a Fonte mais tenso, mova-se lentamente pelos degraus, parando sempre que precisar. Você pode sentir que passou a ter a consistência de uma corda. Sua suposição original foi, agora, confirmada: a Fonte sempre está totalmente disponível, a menos que você mesmo corte a conexão.

Após dedicar-se a isso o quanto sentir necessário para o momento, você e seus amigos podem querer entoar algumas afirmações como: "Nossa ligação com a Fonte é real. Nossa ligação com a Fonte é boa".

Volte lentamente, mantendo o fio sempre tenso. Isso fornece uma rota mais direta entre você e a Fonte e você não pode deixar que se afrouxe novamente. Quando chegar ao topo dos "degraus", fique por um momento absorvendo o grande presente que recebeu: uma fonte eterna e infinita respondendo a todas as suas necessidades antes mesmo de você as conhecer.

Deixe o fio no chão; você não precisa mais de uma testemunha visual para provar sua união com a Fonte.

Saia do círculo.

Desfaça-o.

Preparação

Faça um círculo.

Coloque o seu símbolo para a Fonte em uma mesa no círculo.

Prenda a ele um fio que seja suficientemente grande para ser segurado frouxamente no início dos degraus.

Coloque uma série de madeiras ou tiras de tecido representando os degraus. Eles devem ficar distantes o suficiente para que você possa mover-se confortavelmente entre eles.

Recapitulando

- Fique no começo dos degraus, segurando o fio frouxamente em suas mãos.

- Os outros participantes ficam à esquerda dos degraus.
- Sinta-se em seu fio.
- Ponha força nele. Reafirme-o.
- Com o fio tenso, suba os degraus lentamente.
- Quando estiver no símbolo, cante, se quiser.
- Dedique-se à Fonte.
- Volte lentamente com o fio tenso.
- Fique por alguns momentos no topo dos degraus, apreciando o presente que recebeu.
- Coloque o fio no chão.
- Saia do círculo.
- Desfaça-o.

Encontrando o grupo da sua alma

Os contos de crianças misteriosamente deixadas em um ou outro lugar, que tão consistentemente passam pelo folclore e contos de fadas, parecem particularmente significativos para pessoas que sentem, desde a infância, que nasceram em uma atmosfera totalmente estranha. Qual outra explicação poderia existir para a profunda angústia que suportaram até poderem criar seus próprios estilos de vida e escolher suas próprias companhias?

Felizmente, há uma alternativa para a teoria dos "aparecimentos misteriosos", que transforma a solidão daqueles anos passados em um maravilhoso período de aprendizado. Afirma-se que as circunstâncias em que nascemos são, de fato, ideais para fortalecer nossas fraquezas particulares e ajudar a reconhecer o que realmente queremos de nossas vidas. Tendo aterrissado no nascimento em uma deliciosa atmosfera, essa avaliação poderia nunca ser feita e os elementos que faltam, nunca serem buscados.

Esse ritual assume que cada um de nós pertence ao que é chamado "grupo de alma". Dentro desse grupo estão todos aqueles com quem temos trabalhado mais proximamente desde a primeira encarnação na Terra. Porque todos os membros estão, de modo geral, seguindo o mesmo ideal, podemos, ao mesmo tempo, ajudar a cada um individualmente e dar continuidade ao trabalho do grupo. Alguns de nós poderemos, ainda, ter de passar por uma fase intermediária após sairmos da atmosfera incompatível do nascimento, mas quando, finalmente, colocarmos os nossos pés no caminho que é comum ao grupo, nossa alegria será sem fronteiras — iremos, finalmente, nos sentir em casa.

Poucos de nós temos sido levados a acreditar na existência de almas companheiras — aquelas com as quais podemos nos tornar amigos em um nível tão profundo que passado, idade, gosto e interesses em comum não são o mais importante. Mas, uma vez que entramos em contato com essas pessoas e sabendo que, para uma mente superior, poucos dos assuntos realmente importantes é o que conta, nossos caminhos tornam-se claros. À medida que isso acontece, começamos a encontrar membros do nosso grupo — é com eles que começamos a compartilhar o desdobramento do nosso propósito na Terra.

O Ritual

Esse ritual costuma ser melhor se feito sozinho. Faça um semicírculo de almofadas para representar os membros do grupo com o qual sua alma tem ressonância. Sente-se nesse semicírculo e vá, em imaginação, ao lugar do mundo que seja mais sagrado para você — de preferência, um lugar bem retirado, como o alto de um precipício ou um prado na montanha. Visualize-o detalhadamente, sentindo-se lá, completamente centrado.

Afirme que chegou a hora de você entrar em contato com os membros do grupo da sua alma. Defina o melhor que puder o propósito desse grupo, que é, de algum modo, completamente familiar para você, já que esteve trabalhando com isso por muitos milhares de anos. Quanto mais vivamente puder sentir o laço em comum entre você e aqueles que querem se unir, melhor seu chamado será ouvido por eles. Tente imaginar os laços já fortes que existem entre vocês: os relacionamentos familiares próximos que conheceram; o trabalho feito em irmandades religiosas durante anos; as alegrias compartilhadas trabalhando junto em todos os tipos de profissões e ofícios. Vocês estão o mais próximo que os seres humanos podem estar.

Ao mandar esse chamado, seja em silêncio, ou soando a nota que sentir ser a do grupo, ou cantando sua prontidão em encontrar seus companheiros, lembre-se de que a lei espiritual de atração é muito poderosa — se estiver no momento certo, seu desejo será atendido.

Quando sentir que seu chamado foi completamente registrado, faça do seu semicírculo um círculo completo. Em pé no seu centro, declare o propósito do grupo, como o entende agora e permaneça por alguns minutos em sintonia com esse propósito e com o grupo. O processo, agora, foi colocado em movimento.

Saia do círculo.

Desfaça o ritual.

Preparação

Faça um semicírculo de almofadas.

Recapitulando

- Sente-se dentro do semicírculo.
- Vá, em sua imaginação, a um local sagrado e retirado.
- Imagine-o detalhadamente.
- Chame o grupo da sua alma.
- Procure intuir o propósito do grupo.
- Imagine seus laços com o grupo.
- Transforme o semicírculo em um círculo completo.
- Fique, em pé, no centro e declare o propósito do grupo.
- Saia do círculo.
- Desfaça o ritual.

Lembrando-se de você

É possível distanciar-se dos outros ou permitir que eles o puxem — quase o desmontem — de tal forma que nada, virtualmente, restará. Este é um tipo de relacionamento muito doentio e o ritual a seguir irá ajudá-lo a cultivar aquelas partes, suas, das quais você se desapropriou, seja por excesso de autosacrifício como por deliberado vandalismo.

Essas partes, simbolicamente ausentes, podem ser um órgão, um sentido, ou mesmo uma função psicológica, como a discriminação. Com alguém reinvidicando a propriedade dessas suas partes, ele o está forçando a ver a vida ou a ter idéias resumidas pelos olhos e mente dele, em vez de fazê-lo pelos seus próprios, que, de certo modo, não mais existem. Você pode ter permitido que sua força vital lhe tenha sido tirada, e este é o roubo mais perigoso de todos.

O Ritual

Coloque-se no centro de um círculo de cadeiras vazias. Tenha à sua volta um lápis e alguns cartões em branco. Sente-se lá calmamente, pedindo para que lhe seja mostrado quem controla alguma de suas partes vitais. Você pode já saber algumas das respostas, outras podem surpreendê-lo. É muito provável que um deles seja membro de sua família próxima; seu chefe ou um grande amigo também podem aparecer. Quando reconhecê-los, escreva seus nomes em cartões e coloque um em cada cadeira. Por enquanto, não tente identificar o órgão ou a função psicológica que lhe foi retirada — apenas identifique as pessoas envolvidas.

No momento, estão todos presentes; pode ser que tenha visto certos padrões surgindo e queira enfatizá-los agrupando as cadeiras de alguma maneira especial. Isso pode ser muito útil.

Agora, imagine-se dividido em seções como se fosse um gráfico médico (você pode querer ter à mão um desenho do corpo humano que inclua os chakras e suas funções). Começando pelos pés, vá subindo, averiguando se cada parte de você está intacta e presa ao seu corpo. Seus pés estão fazendo o caminho que você gostaria de fazer?

Seu fígado está realizando sua função filtradora da forma que você escolheria ou outra pessoa está decidindo o que deve ou não fazer parte de você? Seu coração está presente ou alguém o levou embora? Se for o caso, foi algum de seus pais ou aquele por quem está apaixonado? Suas emoções estão coloridas por outra pessoa, você já não sabe mais o que sente? E a sua audição? Tudo o que lhe dizem é interpretado por outra pessoa? Se sim, por quem? Por um mestre? Por um parente? E a base da sua vida? Alguém simplesmente se apropriou dela por que precisava ou por que você abriu mão em um desencaminhado excesso de generosidade?

Faça um cartão para cada parte de seu corpo que pareça estar faltando e coloque-o na cadeira apropriada. Comece um diálogo com qualquer pessoa que você sinta que mais seriamente o prejudicou. Explique-lhe como é lamentável ser tão incompleto e como é inconveniente ter a sua vida sendo interpretada por ela ou ter a sua força sendo sugada pela dela.

Ela deve, então, ter a chance de explicar como essa situação aconteceu. Ouça cuidadosamente, pois ela irá ajudá-lo a impedir que a situação aconteça novamente. Permita que ela descreva como foi a experiência de viver tão intimamente com algo que não era seu. Você pode ficar surpreso em descobrir quão desastroso e confuso foi para ela, assim como para você.

Façam uma pequena cerimônia juntos, na qual você recupera o que, por direito, é seu. Quando terminar, retire da cadeira o cartão com o seu nome e o do órgão ou sentido apropriado pela pessoa. Quando o domínio dela sobre você tiver sido renunciado, vire sua cadeira para o lado de fora do círculo.

Repita o diálogo e a cerimônia com cada uma das pessoas envolvidas.

Quando tiver terminado, vá e sente-se no centro do círculo com os cartões no seu colo. Dê as boas-vindas aos pedaços perdidos. Afirme que, agora, você está completo e nunca se permitirá novamente ser distribuído entre outras pessoas.

Saia da sala.

Desfaça o ritual.

Preparação

Coloque uma cadeira no centro de um círculo de cadeiras.

Na cadeira central, coloque um lápis, cartões em branco e, se quiser, um esboço do corpo humano.

Recapitulando

- Sente-se na cadeira central e sinta quem está prendendo algum aspecto de você que precise ser tomado de volta.
- Escreva seus nomes em cartões e coloque um em cada cadeira.
- É útil separá-las em grupos.
- Começando pelos pés, perceba seu corpo e descubra quais partes estão faltando.
- Quando descobri-las, escreva-as em cartões e associe-os com os nomes já colocados nas cadeiras.
- Dialogue com uma pessoa de cada vez.
- Retire o cartão e vire a cadeira para fora.
- Quando esse processo estiver completo, sente-se no centro do círculo e dê as boas-vindas a cada parte sua que estava faltando.
- Afirme que essa situação não acontecerá mais.
- Saia da sala.
- Desfaça o ritual.

Rituais para Eventos Traumáticos

Introdução aos Rituais

Os rituais deste capítulo são para eventos de violência ou perdas de algum tipo. O benefício óbvio e imediato que vem dos rituais, como aqueles para estupro e abuso, é a liberação do corpo de alguém cortando todos os laços com o violador. A cura mais a longo prazo virá mediante o perdão, uma qualidade muito importante: esse é o mecanismo para libertar nossas almas de situações que, se deixadas de lado, podem inflamar-se em nós, não apenas por toda essa vida mas por muitas outras que virão. A meta final de nossas almas — por mais dura que possa ser — é atingir um estado de amor incondicional. Nada irá obstruir esse propósito mais do que o ódio e o medo deixados pela violência.

O outro tema por trás de muitos desses rituais é a nossa necessidade urgente de reunirmo-nos com nossos corpos para nos tornarmos mais conscientes deles, de trabalhá-los em vez de negligenciá-los ou abusar deles com álcool, drogas, excesso de trabalho, tabaco etc. A alienação que as pessoas do Ocidente moderno têm de seus próprios corpos físicos, apesar de todo o rebuliço e confusão que causam, é desastrosa. Tendemos a considerar nossos corpos como objetos de beleza, máquinas atléticas, casas do trabalho, incômodo maldito ou carcaças deterioradas, mas dificilmente os consideramos como os templos de nossas almas, que é, na verdade, o que são.

Infelizmente, e quase sempre, um evento traumático acaba sendo necessário para concentrar nossa atenção nesse assunto. Uma vez que um estupro, uma operação, um aborto ou as conseqüências de um abuso infantil causam seu choque, tais eventos podem tornar-se oportunidades de crescimento. Lentamente, um novo e maravilhoso relacionamento mutuamente benéfico com seu corpo pode ser formado. Dando o amor e a ternura de que ele necessita, podemos persuadi-lo a tornar-se um confiável aliado e parceiro de trabalho.

Todos os rituais desta seção podem nos ajudar a dar uma conclusão aos eventos dolorosos, à dor e à perda. Eles têm um valioso papel no processo de cura.

Estupro

Não é apenas o medo gerado pelo estupro que é muito difícil de se dispersar, mas também os sentimentos de violação e de sujeira. A destruição de sua confiança é outro grave problema a se combater. Muito tempo e trabalho são necessários antes que tudo isso possa ser seguramente guardado na psique.

Um ritual pode ser útil, mas apenas se feito em um ritmo aceitável para você. Lembrar-se deliberadamente do evento irá, quase com certeza, ser muito doloroso; confrontar-se em sua imaginação com o homem que o perpetrou pode ser causa de um maior trauma, a menos que esteja bem preparada e rodeada por qualquer ajuda de que necessite. Então, se decidir que esse ritual pode ser libertador, afirme para si que irá apenas até onde sentir-se bem no momento. Você sempre pode repetir o processo mais tarde.

Com o apoio de amigos, você pode, provavelmente, ir mais longe do que iria sozinha. No entanto, quando escolhê-los, lembre-se de que um alto grau de sensibilidade e paciência será requerido deles. Se senti-los, de alguma forma, invasivos durante o ritual, isso acabará com seus propósitos. Eles devem ser pessoas que não fariam um mínimo gesto que o fizesse sentir como se devesse avançar mais rapidamente ou com mais confiança; também devem ser indivíduos diante dos quais possa expressar, sem vergonha, todos os seus medos e angústias.

Se puder incluir entre os participantes um ou mais homens em cuja compreensão possa confiar plenamente, será muito curativo. Se, no entanto, quiser apenas a presença de mulheres, tudo bem. A situação será de suficiente confronto, sem introduzir novas dificuldades.

Este ritual é baseado em duas premissas: primeira, o homem que recorreu ao estupro é, de alguma forma, doente e perturbado; segunda, que o único e permanente meio de obter a libertação é perdoando o estuprador. Essa idéia pode parecer ridiculamente idealística, mas é, não obstante, verdade que o único meio infalível para cortar todas as amarras com alguém é perdoando. Laços de ódio são tão eficazes quanto os de amor. Perdão, no entanto, não constitui, de forma alguma, tolerância.

Por causa da imensa resistência que será, compreensivelmente, colocada em você por essas quase irracionais cobranças para sua mente e coração, uma boa preparação será necessária antes de esse ritual ser realizado. Mas não desanime. Mesmo se conseguir apenas uma parte do que desejou, você poderá repetir esse ritual quantas vezes forem necessárias. Esse é o maior problema e você pode apenas esperar modificar sua dor lentamente. A velocidade em que for fazer isso vai depender de muitos fatores. Que dor e medo, por exemplo, você já estava carregando em seu corpo no momento do estupro? Quais padrões anteriores foram evocados pelo evento? Já pensou em você como vítima, como alguém com quem coisas terríveis acontecem inevitavelmente? Qual foi sua experiência sexual antes dessa violência?

Empenhe-se, então, com esse ritual em uma atmosfera de grande gentileza consigo, lembrando-se sempre de que é você que está estabelecendo tanto o seu ritmo quanto os seus limites.

Esse ritual funciona igualmente bem para o homem que sofreu um estupro homossexual.

O Ritual

Este é um ritual cujos benefícios serão maiores se feito ao ar livre, de preferência em um local retirado, no campo. A terra, as árvores e a água corrente podem ajudar enormemente, absorvendo seus sentimentos indesejáveis. Se, no entanto, o seu ritual precisar acontecer em um local fechado, certifique-se de ter os quatro elementos presentes. Mantenha a janela aberta, coloque uma grande jarra de água em algum lugar na sala, traga o máximo de plantas que puder e coloque velas nos quatro cantos da sala.

Quer seja feito em local fechado ou não, o cenário para essa cerimônia muito simples é sempre o mesmo. Desenhe dois círculos de iguais dimensões, cada um no material que considerar ser apropriado.

Apenas você tem permissão para entrar no primeiro círculo; dentro dele, está completamente segura. Coloque nele um objeto simbolizando o estupro em si. Este deve ser de madeira, areia ou papel para que possa ser facilmente eliminado por meio da água ou do fogo.

No segundo círculo, coloque um símbolo para o homem. Este objeto pode, em princípio, refletir a agressão que você sentiu através e emanando dele. Mas com o tempo, ou mesmo durante o curso do ritual inicial, você pode querer substituir o símbolo inicialmente colocado por outro mais suave. Nesse círculo, o homem está seguro. Ali, nem a lei, nem você, nem o público podem atacá-lo.

Além disso, se quiser pode acrescentar um símbolo para a liberação por meio da transformação; um pão velho que possa ser esmigalhado para o lado de fora da janela e, por fim, comido pelos pássaros seria o ideal.

Se tiver amigos assistindo ao ritual, eles devem formar um semicírculo atrás do círculo do homem. Se estiver sozinho, substitua-os por objetos representando seres humanos não-vingativos. Eles devem ser feitos de algum material suave e natural. É importante que o homem não fique isolado.

Após acender as velas, vá e fique no seu círculo com as costas voltadas para o homem. Centre-se. Acalme as confusas sensações em seu plexo solar. Declarando que, agora, você quer tirar o poder desse evento para que ele não encubra o resto da sua vida, pegue o objeto que simboliza o estupro e saia com ele do círculo. Se estiver em ambiente aberto, enterre-o sob uma árvore ou deixe que seja levado pela água corrente. Se estiver em ambiente fechado, queime-o em um recipiente ou livre-se dele na jarra de água ou jogando-o para fora da janela. Peça para que sua enorme energia destrutiva seja dispersada e transformada em energia neutra que possa ajudar alguém.

Se você acreditar nos elementais, pode pedir a eles que ajudem nessa tarefa importante.

Volte para o seu círculo, sempre mantendo suas costas para o homem. Se achar que uma música ou algum outro som ajudará, ponha uma fita, bata um tambor ou cante o mantra *Om*. Esteja certo de manter-se o mais relaxado e centrado possível. Sinta-se em completa segurança entre a Terra e o Céu.

Quando estiver pronto, lembrando-se de que vocês dois estão completamente seguros dentro de seus respectivos círculos, vire-se e encare o homem. Imagine-o o mais vivamente que puder e diga em voz alta: "Estou fazendo o melhor que posso para perdoá-lo. Sei que existiram pressões e necessidades que o levaram a se comportar assim. Estou fazendo o melhor que posso para perdoá-lo."

Concentre todas as suas forças na certeza de que o perdão irá levar a uma liberação física sua em relação a ele.

Isso pode ir tão longe quanto você conseguir na primeira vez que fizer o ritual.

Nesse caso, se tiver sentido que o perdão realmente aconteceu, livre-se do símbolo do homem, desfaça ambos os círculos, apague as velas e jogue a água fora, liberando, conscientemente, todos os medos e sujeira que tinham sido absorvidos.

No entanto, se o perdão ainda não foi atingido mas você se sente absolutamente seguro em tirar o homem de seu círculo, prossiga o ritual pegando o símbolo dele e colocando-o no chão, em outra parte da sala. Fique de frente para ele e imagine um rio selvagem entre vocês; o fluxo rápido de suas águas vai trazendo tranqüilidade e distanciamento. Invoque a ajuda daqueles com quem você conta nos momentos difíceis, incluindo seus guias e seu Eu Superior. Peça que as ligações entre você e esse homem sejam cortadas. Embora tais ligações pareçam muito fortes devido à intensidade das emoções geradas no momento em que se formaram, lembre-se que elas surgiram de um contato muito rápido e, portanto, não têm o poder permanente dos laços de longa duração. Se elas não forem completamente dissolvidas agora, o serão mais tarde. Mas permaneça ciente de que elas não irão, de modo algum, recuperar suas forças.

Enquanto se encaram através do rio, imagine-se ligado pelos chakras do plexo solar e sacro. Provavelmente, você conseguirá visualizar esses laços em tons de um violento vermelho ou laranja e eles serão muito desagradáveis, tanto na textura como na energia. Ao ficar olhando para eles, peça para que se desfaçam, perdendo a força vital. Usando tesouras simbólicas, corte as cordas que unem os seus chakras aos dele e faça o sinal da cruz dentro de um círculo de luz em cada um dos chakras. Com os laços indo rio abaixo, faça qualquer gesto de despedida que achar apropriado.

Esse exercício pode ser repetido quantas vezes forem necessárias.

Voltem para os seus círculos, que agora representam suas vidas completamente separadas e permaneça, por um tempo, apreciando esse fato.

Se quiser, lave seus pés em uma segunda jarra de água, permitindo que eles representem todo o seu corpo.

Desfaça ambos os círculos, começando pelo dele. Apague as velas e jogue fora a água da jarra.

Preparação

Coloque uma vela em cada canto da sala.

Coloque uma grande jarra de água com óleos aromáticos em algum lugar da sala.

Coloque muitas plantas e flores pela sala.

Torne disponível qualquer fonte de música que achar conveniente.

Tenha à mão um recipiente no qual possa queimar os símbolos.

Faça dois círculos do mesmo tamanho, mas de diferentes materiais.

Coloque o símbolo escolhido para o estupro em um círculo.

Coloque o símbolo escolhido para o homem no outro círculo.

Recapitulando

- Acenda as velas.
- Se houver colaboradores, eles ficam em um semicírculo atrás do círculo do homem.
- Vá para o seu círculo e fique lá, de costas para o homem.
- Declare suas intenções.
- Saia do círculo e livre-se do seu símbolo.
- Peça pela ajuda que estiver disponível para você.
- Volte ao seu círculo, sempre de costas para o homem.
- Se quiser, cante o mantra *Om* ou toque uma música.
- Vire-se para o homem e fale com ele.
- Se, neste momento, esse for o final do seu ritual, livre-se do símbolo do homem, apague as velas, livre-se da água, desfaça tudo e saia da sala.

Se o Ritual Continuar

- Faça o exercício para cortar as amarras que ligam vocês.
- Lave seus pés em uma segunda jarra de água.
- Volte para o seu círculo e agradeça.
- Livre-se do símbolo do homem, apague as velas, livre-se da água, desfaça tudo e saia da sala.

Incesto e abuso infantil

O devastador sofrimento, medo e vergonha provocados pelo incesto e abuso infantil, geralmente aparecem apenas anos mais tarde e, às vezes, nunca. Se aparecem, a violação física sofrida geralmente parece ficar em segundo plano por causa do imenso desespero de a confiança em alguém ter sido despedaçada. Se a criança tiver sido abusada por alguém muito próximo a ela, como geralmente acontece, não terá sido apenas ferida fisicamente e traída, mas também privada de alguém a quem poderia pedir ajuda. Ou os membros adultos da família irão ficar temerosos em ajudá-lo ou, por outra razão, irão ser coniventes com o abusador. Buscar ajuda de um professor ou de outra pessoa crescida fora da família também costuma ser muito difícil, já que iria pôr em jogo todas as ansiedades e questões sobre lealdade.

A esses sentimentos de violação e traição, está sendo adicionada a dor da solidão. Isolada de outras crianças por um segredo que lhe foi imposto e pela "sujeira" que sente, a criança abusada se esconderá. Vivendo em um constante medo nervoso, irá apalpar seu próprio caminho pela infância, esperando pelo momento em que possa escapar da tirania adulta.

As feridas deixadas por essas experiências são das mais difíceis de se curar, embora muito possa ser feito, especialmente se um ingrediente espiritual for permitido. Com isso em mente, o ritual divide-se em quatro partes:

1 — Uma aceitação da situação como ela é;

2 — O maior perdão possível para o agressor — sem, de forma alguma, tolerar suas ações;

3 — Uma desassociação do abuso; e

4 — Um movimento além disso, para que a vida não seja mais dominada por essa experiência.

Para aqueles que continuam ligados por um segredo do passado, essa cerimônia pode ser feita a sós. Exteriorizando sua experiência dentro das seguras demarcações de um ritual, os abusados podem, ao menos, ser capazes de compartilhar o passado. Para aqueles que já ultrapassaram o segredo, fazer esse ritual com um amigo de confiança pode afirmar sua enorme necessidade de lidar com o abuso em um nível muito profundo.

Quer você realize esse ritual sozinho ou com alguém, nunca deve levá-lo além do ponto onde se sentir completamente seguro. Se suas memórias tornarem-se intoleráveis, pare. Você pode, perfeitamente, lidar com elas lentamente, em fases posteriores.

Se o ritual for cortado, certifique-se de terminá-lo de acordo com as instruções para o final, pois de outra forma você ficará atado ao passado mais compulsivamente do que antes.

Esse ritual funciona igualmente, quer o agressor seja homem ou mulher.

O Ritual

Faça um quadrado com quatro velas e coloque nele duas cadeiras, uma para você e outra, à sua frente, para o adulto ausente. Em frente a essa cadeira, coloque uma fotografia ou símbolo para ele. Ao lado da terceira vela coloque uma jarra de água e, do lado de fora do quadrado, ponha as cadeiras necessárias para as testemunhas, se quiser ter alguma. Elas devem já estar sentadas quando o ritual começar.

Fique, por alguns momentos, fora do quadrado, tendo certeza de que está bem centrado e não será dominado pela raiva ou ressentimento, o que anularia qualquer coisa que pudesse conseguir. Permita que toda a compaixão que puder convocar entre em seu coração; tenha certeza de ter incluído o adulto em questão assim como a criança dos anos passados. Respire fundo e regularmente para ajudar a acalmar qualquer ansiedade que sentir.

Ao entrar na sala do ritual diga para si mesmo, de preferência em voz alta: "Agora eu sou crescido e não posso ser prejudicado dessa maneira. Agora estou seguro. Cheguei aqui para colocar em repouso esses eventos do passado, mas como não sou mais uma criança, não estou mais em perigo".

Agora, acenda as quatro velas, pedindo para que elas formem um perímetro protetor para que o que quer que aconteça dentro desse quadrado seja encerrado e beneficie ambos, você e o agressor. Pelos próximos minutos, fique olhando para a fotografia ou o símbolo. De sua nova posição de força, ele renunciará ao seu antigo poder sobre você. Convoque toda a aceitação que puder — sem isso, nenhum progresso será realizado. Esse evento aconteceu, e o único poder que você tem sobre os eventos passados é aceitá-los, perdoá-los e depois libertá-los. Tente enfrentar o Eu Superior do adulto, para que, com a sua ajuda possa ultrapassar a personalidade, cuja ação desprezível obscureceu-lhe a vida.

Repita suavemente, outra e outra vez: "É de cura que ele precisa, não de ódio. Cura, não ódio. Aceitação, aceitação, aceitação".

Chame todas as forças disponíveis de dentro de você e perdoe o mais profundamente que conseguir. Coloque em frente à primeira vela o seu símbolo do perdão.

Se não puder prosseguir com o ritual agora, não se preocupe. O processo de aceitação e perdão terá sido colocado em movimento e pode continuar em um nível quase inconsciente até que se sinta pronto para repetir o ritual. Simplesmente, vire a face do símbolo ou da fotografia para baixo. Peça para seus colaboradores saírem da sala. Borrife-se com um pouco da água da jarra, permitindo que esse ritual de limpeza separe você dos eventos do passado. Lembre-se mais uma vez de que o ódio é uma ligação tão forte quanto o amor.

Apague as velas e saia da sala.

Desfaça o quadrado.

Se quiser continuar o ritual, agora ou depois, é assim que deve prosseguir.

Se os conceitos de reencarnação e carma são pouco familiares ou inaceitáveis para você, tente, nesta conjuntura, aceitá-los para que o que se passou tenha um propósito que possa ser compreendido um dia. Se, no entanto, você aceitar a idéia de que as almas voltam muitas e muitas vezes para a Terra para, com o tempo, chegarem à perfeição e de que é você quem escolhe sua atual encarnação como necessária para o desenvolvimento de sua alma, estará olhando para toda a questão de aceitação e perdão por um ponto de vista completamente diferente. O adulto em questão, antes da sua encarnação, concordou com você em ser o agente de seu aprendizado? Se sim, o que é que você precisa aprender e por quê? Você terá andado um bom caminho libertando-se de muito do seu ressentimento e dor, se, agora, puder encarar a questão de forma honrada. Se puder, tente encontrar um símbolo para esse novo entendimento. Escreva isso em um papel e coloque ao lado da segunda vela.

Limpar-se do passado é tão necessário para aqueles que foram abusados como para aqueles que abusaram. Mesmo após muitos anos, as pessoas continuam não se sentindo limpas por terem tido seu íntimo violado sem o seu consentimento. Ter tido a ternura e o amor que deveriam acompanhar o ato sexual não apenas negados, mas também substituídos por uma feia violência, é um dos fatos mais difíceis de se lidar. Pode ser que queira lamentar isso, uma vez que, simbolicamente, não o pôde fazer quando criança. Se for assim, então faça. Mas se temer que isso possa destruir o equilíbrio que alcançou antes de entrar na sala, faça a lamentação na fase de preparação em vez de durante o ritual em si.

Com a mão em concha, retire um pouco de água da jarra e borrife-a sobre a sua cabeça. Se seu gesto for feito com real amor por si mesmo, irá limpá-lo tão verdadeiramente quanto um batismo.

Como parte dessa purificação de si mesmo, tire alguma peça de roupa e troque por uma nova.

Escreva em um cartão seu símbolo para a limpeza, que pode ser uma fonte ou um fluxo de águas claras, e coloque ao lado da terceira vela e da jarra de água.

Agora é hora de dar um passo adiante; então, coloque a fotografia, ou o símbolo, e a cadeira do agressor para fora da sala. Eles não têm mais lugar aqui. Se achar que a foto deva ser queimada ou o símbolo destruído e tiver certeza de que não serão necessários para uma repetição do ritual, faça isso mais tarde.

Volte para a sala e coloque, ao lado da quarta vela, o cartão no qual escreveu o seu símbolo para o começo de sua nova vida. Um anel, por exemplo, pode servir bem como uma garantia de futuro.

Permaneça por alguns instantes no quadrado, absorvendo profundamente o significado de cada um dos símbolos que tenha escolhido ou recebido. Agradeça a todos, encarnados ou desencarnados, que lhe ajudaram.

Quando estiver pronto, reverencie seus colaboradores para que saiam da sala.

Apague as velas e saia.

Desfaça o local do ritual.

Preparação

Faça um quadrado com quatro velas.
Coloque duas cadeiras de frente uma para a outra.

Em frente a uma das cadeiras coloque uma foto ou um símbolo para o agressor.
Ponha uma jarra de água ao lado da terceira vela.
Se necessário, ponha cadeiras do lado de fora do quadrado para os colaboradores.
Tenha pronto um lápis e pedaços de papel para escrever os símbolos que encontrará durante o ritual.
Tenha à mão uma peça de roupa para trocar por aquela de que irá se desfazer.

Recapitulando

- Os colaboradores entram na sala e sentam-se.
- Antes de entrar na sala, centre-se e afirme sua segurança.
- Acenda as velas.
- Coloque a foto ou o símbolo do agressor na cadeira dele, converse com ele.
- Em frente à primeira vela, ponha seu símbolo para o perdão.
- Se não quiser prosseguir, peça para que seus colaboradores saiam da sala.
- Vire a fotografia ou o símbolo do agressor com a face para baixo, na cadeira.
- Borrife água da jarra em você.
- Apague as velas.
- Saia da sala.
- Desfaça o quadrado.

Se Continuar

- Coloque, ao lado da segunda vela, o símbolo para a compreensão alcançada.
- Lamente-se, se quiser.
- Borrife-se com água da jarra.

- Troque uma peça de roupa que estiver usando por uma nova.
- Coloque, ao lado da terceira vela e da jarra de água, o seu símbolo para a limpeza.
- Retire a fotografia, ou símbolo, e a cadeira do agressor da sala. Queime a foto ou destrua o símbolo mais tarde, se quiser.
- Volte para a sala e coloque, ao lado da quarta vela, seu símbolo para o começo de sua nova vida.
- Permaneça quieto no quadrado por alguns minutos e agradeça.
- Reverencie os colaboradores para que saiam da sala.
- Apague as velas e saia da sala.
- Desmonte o local do ritual.

Antes de submeter-se a uma cirurgia

Na Atlântida, no Antigo Egito e em outras culturas, os curadores também eram sacerdotes. O elemento espiritual, agora quase inteiramente ausente na medicina moderna ocidental, constituía grande parte da cura, tanto que uma cirurgia era conduzida como uma cerimônia religiosa. Enquanto um curador/sacerdote retirava o espírito do paciente e mantinha seus corpos astral e mental em segurança (veja p. 24), outro curador/sacerdote podia operar com tranqüilidade. Não era necessário nada parecido com a nossa moderna anestesia. De fato, havia fortes razões para supor que, nesse estado, o paciente tinha condições de dirigir a sua própria operação, produzindo, com suas próprias reações, um diagnóstico imediato, um comentário contínuo durante a cirurgia e, depois, um relatório pós-operatório.

Isso não é mais possível — não apenas porque os papéis de médico e sacerdote se separaram há muito tempo, mas também porque nossos corpos ficaram tão densos e nossas vibrações tão baixas que uma operação feita dessa forma nos mataria.

Durante uma operação sob anestesia, não sentimos dor, conscientemente, mas nosso corpo se lembra. Todo medo e sentimento de violação fica inscrito em nossos músculos e centros nervosos. Esses traumas podem não aparecer durante anos; realmente, eles podem nunca fazer isso, a menos que sejam deliberadamente chamados em uma terapia mais avançada ou por uma segunda operação que evoque imagens da primeira. Mas, de qualquer forma, estão lá e, ao seu redor, se agrupam aquelas dores que vão muito mais fundo do que sua manifestação física.

Em nosso ritual iremos tentar reconhecer esse fato para o nosso corpo e buscar mitigar o dano causado pela operação. Embora não sejamos nosso corpo físico — com a morte ele será reabsorvido pela Terra e a essência retornará à Fonte —, enquanto estamos na Terra esse é o veículo para nossa mente e alma e, como tal, deve ser tratado com respeito. Uma operação cirúrgica é uma das melhores oportunidades para experimentar diretamente esse relacionamento entre corpo e alma.

O Ritual

Os principais participantes são:

1 — O cirurgião,
2 — O anestesista,
3 — Seus corpos físico, astral e mental, e
4 — Você como um todo.

Colaboradores não são realmente necessários, embora uma testemunha possa sentar-se ao lado de sua "mesa de cirurgia", se você quiser.

No centro da sala, coloque várias almofadas confortáveis para servirem de mesa de cirurgia. De um lado, coloque flores e, do outro, algum objeto familiar — de preferência, um que costume ficar no seu criado mudo. Isso irá declarar ao seu corpo que ele será tratado com carinho durante a operação.

Deite-se em sua mesa de cirurgia e converse com você. Diga ao seu corpo que, durante a operação, o anestesista irá separar seu corpo físico de seus corpos astral e mental para impedir que você sinta qualquer dor. Certifique-se de que sua mente consciente sabe que não existe motivo para se alarmar. Lembrar-se de que o corpo físico será capaz de comunicar seu sofrimento para o inconsciente durante a operação assegura-lhe que, o mais rápido possível, você irá levar, por meio de uma imagem dirigida, essas memórias dolorosas para que sejam liberadas em vez de continuarem impressas no seu corpo físico, no nível subconsciente.

Depois, fale de forma a tranqüilizar seus corpos mental e astral. Diga-lhes que o anestesista é um técnico competente; que ele irá fazer com que sua separação do físico, e subseqüente reentrada, aconteça com um mínimo de trauma. Afirme que você já está se concentrando conscientemente nesse processo.

Continue deitado em sua "mesa de cirurgia", visualize o cirurgião e o anestesista. Certifique-se de sentir-se completamente à vontade com ambos. Saiba que você não é mais uma figura passiva nesse evento vindouro, simplesmente mais um número no prontuário do hospital. Você também estará participando — a sua paz mental e confiança são os ingredientes essenciais para o resultado da operação.

Se estiver para ter um órgão retirado, este é um bom momento para despedir-se dele. Agradeça-lhe pelo que fez por você. Se tiver lhe causado algum sofrimento físico no passado, reafirme que você não tem ressentimento. Se for fazer uma histerectomia, por exemplo, tente encontrar alguns símbolos que possa oferecer ao seu corpo como substituto do que está sendo removido.

Agora, vire-se para o futuro e saiba, com absoluta certeza, que qualquer que seja o resultado da operação, ele será o correto; será aquele que o seu Eu Superior tiver escolhido.

Quando sentir-se pronto, desça da mesa e saia da sala.

Desmonte o ritual.

Preparação

Coloque uma fila de confortáveis almofadas no centro de uma sala.

De um lado, ponha algumas flores; do outro, um objeto que tenha valor para você.

Recapitulando

- Deite-se na "mesa de cirurgia".
- Converse com seus corpos físico, astral e mental. Visualize o cirurgião e o anestesista.
- Lembre-se de que você será um participante ativo na operação.
- Se um órgão for ser retirado, converse com ele.
- Encontre um símbolo para ele e peça para que esse símbolo tome o lugar, na medida do possível, da parte removida.
- Afirme que, qualquer que seja o resultado da operação, será o correto.
- Saia da sala.
- Desfaça o local do ritual.

Aborto, do ponto de vista da mãe

Quaisquer que sejam as circunstâncias que levem uma mulher a abortar, raramente ela sai da experiência ilesa. Mesmo se a primeira reação for o alívio de ter terminado a gravidez, ela costuma ficar com sentimentos que são muito difíceis de assimilar, especialmente se tiver passado pela experiência sozinha. Esses sentimentos podem incluir grande solidão, ressentimento, culpa, raiva por ter sido abandonada, medo de ser descoberta e grande tristeza de não estar sendo possível ter um filho.

Todas essas emoções serão intensificadas pela ansiedade e medo físico associados com a operação em si. Embora o aborto possa ter se tornado comum, é uma operação diferente de qualquer outra e evoca sentimentos na mãe que ela pode nem ter conhecimento. Se for composto por uma sensação de culpa, o resultado pode ser catastrófico, influenciando sua vida, conscientemente ou não, por muitos anos.

Além do trauma psicológico, também haverá fortes fatores fisiológicos envolvidos. "O corpo se lembra" é um ditado que diz uma grande verdade (veja p. 113). O corpo, nesse caso, terá sido marcado por dois fatores muito angustiantes. Primeiro, o término brusco de um ciclo que tinha sido colocado em movimento causará um considerável choque. Segundo, esse ataque ao seu feminino em si irá, provavelmente, obscurecer suas relações sexuais futuras, embora inconscientemente. Se a mulher tiver sorte, irá encontrar em algum grupo de apoio ao qual venha a afiliar-se, presente ou futuramente, a ternura necessária para curar esses choques e cicatrizes. Do contrário, pode precisar da ajuda de um terapeuta.

O fato de não existir um ritual para honrar a concepção e morte dessa criança em potencial deve ser, talvez, uma das muitas razões pela qual o aborto retém por tanto tempo essa posição tão proeminente na psique da mulher. Muitos outros acontecimentos de similar magnitude, sejam felizes ou tristes, são marcados com alguma forma de cerimônia que ajuda a exteriorizar e categorizar os sentimentos evocados. Se você tiver passado por um aborto, recentemente ou há um bom tempo, o ritual a seguir lhe é oferecido. Pode ser realizado com ou sem palavras, e ter uma reação maior ou menor, como você quiser.

O Ritual

O que é presumivelmente mais necessário para a alma da criança abortada é o amor que teria recebido se tivesse se completado a gravidez. Para muitas mães, dar esse amor é sua maior necessidade. O ritual, portanto, começa com você entrando em um bonito círculo com um bebê imaginário em seus braços. Sente-se em silêncio, pedindo para a Mãe Terra ajudar-lhe a dar a essa criança o alimento e amor que as circunstâncias de sua vida impediram-na de dar no momento.

Quando se sentir pronta, deite o bebê em um cobertor ou cama de delicadas flores coloridas e cerque-o com raios de sol, suas árvores favoritas, o som dos passarinhos e tudo o que você amar da natureza. Ao reconhecer cerimonialmente a existência de sua criança, você estará ajudando a compensar tudo aquilo que, anteriormente, lhe foi negado.

Dar um nome ao bebê nesse momento também poderia ser de muita ajuda (ver p. 44). Acrescentaria a percepção de sua identidade real e separada. Se nenhum nome parecer compatível, pode ser que queira identificá-la por uma qualidade que gostaria que ela apresentasse: Ternura ou Serenidade, por exemplo.

Quando seus sentimentos de amor pelo bebê tiverem sido devidamente expressados, diga a si mesmo que agora é a hora de libertar a criança completamente e com alegria. Fale alto o que quer que esteja em seu coração.

Agora, volte-se para suas próprias necessidades. É essencial que comece se perdoando, quaisquer que tenham sido as circunstâncias e razões para o aborto. Apenas sente-se quietamente e permita que a compaixão flua através de você. Se for ajudar, chore — não pelo bebê, mas por você. Quando se sentir realmente calma, levante-se e ande pela sala antes de começar a outra parte do ritual.

Novamente sentada, tente identificar cada um dos sentimentos pesados, sujos, infelizes ou confusos que você associa ao aborto. Olhe para eles de verdade. Dê-lhes um formato, uma cor ou alguma outra forma eficaz de representação. Então, consigne-os simbolicamente, um por um, ao fogo ou a água: o que quer que lhe pareça o final mais purificador. Esses são sentimentos dos quais gostaria de fugir para sempre. Borrife sua face e mãos com água da jarra.

O terceiro passo do ritual busca conectá-la profundamente com a Terra. Isso é tão importante para você quanto para a criança. Para fazer com que o seu feminino fique novamente inteiro depois da agressão a que foi submetido, será necessário receber a cura que apenas a Terra pode dar. Então, sente-se, ou deite-se, como preferir, e respire profundamente e de forma ritmada. Peça para se tornar completa. Imagine a abundância da Terra de calor e amor vindo para envolvê-la.

O som tem uma grande qualidade curativa. Se sentir que falar o motivo da sua dor vai trazer um maior alívio para você, olhe sem medo para o momento mais horrível de sua gravidez ou aborto. Libere das profundezas de seu corpo qualquer som que queira sair.

Quem se sente feliz e à vontade na água também pode pedir ajuda ao outro elemento feminino. Imagine-se deitada em um suave riacho, com a água corrente purificando e dando essa sensação que acalma a dor.

Se sentir que esse ritual vai lhe causar muita dor para ficar sozinha, peça a um amigo próximo para participar com você. Lembre-se também de que é apenas uma sugestão. Altere qualquer coisa que julgar necessário para que o ritual fique mais eficiente para você.

Os sentimentos que cercam um aborto espontâneo são muito diferentes daqueles do aborto provocado, mas a angústia em relação à perda da criança é igualmente pungente. Esse ritual poderá, portanto, ser igualmente satisfatório para ambas as situações, com algumas omissões óbvias para quem enfrentou um aborto espontâneo.

Similarmente, o ritual pode ser adaptado para a mulher que foi esterilizada. O símbolo usado nesse caso deve ser menos pessoal — um que represente a maternidade de uma forma mais universal. Se quiser, também pode acrescentar algumas palavras que expressem a tristeza que sente pela perda do seu potencial para ser mãe.

Preparação

Prepare a sala ou um espaço ao ar livre com flores e bastante verde.

Coloque, no centro, uma grande almofada para você se sentar e um cobertor ou cama de flores para o bebê imaginário.
Em um dos cantos da sala coloque uma jarra de água.

Recapitulando

- Coloque um bebê imaginário no cobertor ou na cama de flores.
- Dê um nome para a criança.
- Quando seu amor tiver sido bem expressado, liberte a criança.
- Diga o que sente.
- Dê compaixão e perdão a si mesma.
- Identifique os sentimentos confusos em torno do aborto e dê-lhes forma ou cor. Simbolicamente, queime-os ou consigne-os à água.
- Borrife seu rosto e suas mãos com água da jarra.
- Sente-se ou deite-se no chão para absorver a cura da Terra.
- Identifique o momento mais difícil de sua gravidez ou operação e fale.
- Peça pela ajuda do reino das águas, se quiser.
- Saia da sala.
- Desfaça o ritual.

Aborto, do ponto de vista do pai

Esse ritual, assim como o para a mãe, tem duas partes. Como a primeira é igual à do ritual para a mãe, não será repetida aqui.

Até muito recentemente, a sociedade permitia que a maioria dos homens se descuidasse da culpa e responsabilidade envolvidas em um aborto por razões sociais. Um teste positivo de gravidez podia ser considerado como um incômodo ou lamentável fracasso das "precauções" tomadas. A menos que um amor excepcional existisse entre as duas pessoas ou um homem particularmente sensível estivesse envolvido, o aspecto emocional do evento não chegava a passar por ele. Ele achava estar se comportando de forma honrada se cuidasse dos aspectos financeiros; sua principal preocupação estava em prover recursos para uma operação limpa e segura.

Essa atitude parece estar mudando lentamente. Um crescente número de homens está percebendo que, embora o aborto possa resolver o problema em um nível físico, faz surgir um inquietante número de questões emocionais, psicológicas e morais que se recusam a desaparecer. Tão forte são essas tendências que eles estão trabalhando retroativamente. Muitos dos homens que estão experimentando essa inquietação estiveram envolvidos em abortos muitos anos atrás; contudo, o evento os incomoda tão profundamente que eles, agora, precisam encontrar um meio de liberá-lo.

As razões para essa mudança são complexas. O Movimento Feminista é, em parte, responsável, mas outros fatores significativos também estão agindo. Da mesma forma que as mulheres estão explorando seu lado masculino, os homens estão se tornando dispostos a descobrir seus aspectos femininos e, agora, podem expressar a angústia por terem exposto uma mulher a essa provação. Eles também podem permitir que essa violação do corpo dela se torne parte de sua própria experiência vívida e delegada. Ao nos tornarmos mais afinados com as novas energias de Aquário, um grande senso de fraternidade se torna relevante.

O Ritual

Faça um círculo de ramos ou flores e faça o ritual para a criança, talvez acrescentando uma declaração sobre seus sentimentos recentemente descobertos e seu arrependimento por não ter protegido a vida desse bebê. Se se sentir confortável com a idéia, também peça seu perdão por ter lhe dado toda a dor dos descendentes da Terra.

Comece a segunda parte do ritual com uma silenciosa meditação, na qual você tenta entender a razão da aparição rápida dessa alma. Foi principalmente para a sua própria evolução espiritual ou foi também para um dos pais ou para o casal que eles formam? A lei da economia espiritual é tão estritamente ligada a todos os assuntos de encarnação que é muito pouco provável que essa gravidez não tenha sido importante para, pelo menos, duas das almas envolvidas. Descobrir e honrar os motivos do bebê nessa parcial encarnação irá validá-los enormemente. Pode ser, por exemplo, que ele precisasse de um breve contato com a Terra antes de embarcar para uma vida completa.

Agora, vire-se para a questão do seu perdão. Isso é vital. Continuar sentindo culpa, até obsessão, não pode fazer bem a ninguém. Uma vez que assumiu a responsabilidade por suas ações e expressou real arrependimento por elas, afirme em voz alta que se perdoa.

A próxima parte do ritual envolve seus antepassados — e, se quiser, os da mãe do bebê. Se, como freqüentemente acontece, essa gravidez incompleta tiver acordado seus sentimentos de continuidade e de família, a cerimônia a seguir poderá ajudá-lo a ver o aborto sob uma perspectiva maior.

Fique no centro do círculo e coloque seus antepassados à sua volta, em um semicírculo, nomeando e saudando aqueles que você conhece.

Ao contatá-los, lembre-se de que aqueles que já estavam desencarnados no momento do aborto sabem que essa criança não era esperada pelos antepassados para dar continuidade à sua família. Ter esse fato bem definido irá ajudá-lo a dispersar muitos arrependimentos em vão e a ser mais receptivo com o que seus antepassados queiram comunicar, sobre a família ou essa criança em particular.

A parte final desse ritual busca soltar você do bebê para que possa ser permitida a liberação completa. Sente-se, segurando o símbolo que escolheu para isso, e reconheça, em silêncio, qualquer raiva que continue tendo por quaisquer circunstâncias que tenham impedido o nascimento do bebê. Admita sua dor e decepção. Lide de forma conclusiva com as emoções que permanecem sobre esse assunto entre você e a mãe da criança. Passe alguns minutos enviando seu amor para o bebê. Então saia da sala e desfaça o ritual.

Preparação

Faça um círculo de flores ou ramos e coloque nele seu símbolo para o bebê.

Recapitulando

- Faça a primeira metade do ritual da mãe, acrescentando qualquer coisa que queira.
- Medite sobre as razões do bebê para escolher uma vida tão breve.
- Peça perdão para você e afirme, alto, que ele lhe será dado.
- Evoque seus antepassados e imagine-os sentados em um semicírculo a sua volta.
- Nomeie e cumprimente aqueles que conhece, converse com eles.
- Segurando o símbolo para o bebê, reconheça qualquer raiva ou dor que tenha sobrado.
- Solte-se do bebê para que ele possa encontrar a total libertação.
- Saia da sala.
- Desfaça o ritual.

Uma tragédia pública

Quando uma tragédia de escala nacional ou mundial acontece, nossa primeira reação costuma ser de impotência. Aproveitamos qualquer oportunidade para expressar nossa solidariedade, seja por meio de uma oração comunitária ou da doação de dinheiro, comida ou roupas aos sobreviventes; mas, mesmo assim, fica um buraco. Parece não haver um jeito de dizer que "somos um pelo outro"; que, porque sua dor também é nossa, um pouco dela pode ser amenizada por nós. Alguma força profunda pode ser dada a eles em virtude de sermos todos pequenas gotículas da mesma Fonte divina.

Essa solidariedade e compaixão podem, no entanto, ser expressas por um ritual. E considerando que o nosso planeta já está tão deformado por locais onde as energias de violência e tragédia não foram dispersadas, qualquer coisa que pudermos fazer para desativar um novo, será de grande valor.

O Ritual

Como esse ritual está sendo oferecido para um grande grupo de pessoas, o sentimento de fraternidade que ele pode gerar provavelmente aumentaria se fosse realizado com outros participantes. Mas se você não conhece ninguém com quem se sinta à vontade para compartilhar esse ritual, utilize símbolos apropriados para as outras pessoas a quem está pedindo ajuda telepática. Podem ser, se necessário, figuras públicas de elevada reputação espiritual, como Madre Teresa ou Dalai Lama. Os símbolos para eles devem ser colocados em uma pequena cesta para que possam ser facilmente transportados de uma seção da sala para outra.

Depois, coloque três outros símbolos: o primeiro, representará a tragédia em si; o segundo, os sobreviventes; e o terceiro, todos os que foram tocados pelo evento. Se se sentir capaz de trabalhar com um quarto símbolo representando aqueles que morreram, isso seria de grande ajuda. Coloque cada um desses símbolos em uma seção separada da sala para formar um triângulo ou um quadrado. Ao fazer isso, identifique cada um claramente.

Agora, fique em pé, em um círculo em volta do símbolo representando a tragédia em si. (Se estiver sozinho, complete o círculo com os símbolos representando outros seres humanos.) Imagine o desastre o mais vivamente que puder. Sinta o cheiro do fogo ou a água engolfando-o. Ouça os gritos, o barulho dos metais, os prédios caindo ou a arma disparando. Esteja lá, realmente. Convoque toda sua força espiritual para ajudar a dispersar essa bola de dor e medo concentrados, para ajudar a transformar esse cancro destrutivo em pura energia para ser usada criativamente.

Chame os quatro elementos para ajudarem-no: a Terra, para absorver e transmutar a tragédia; o Ar, para difundi-la; a Água, para levá-la embora; e o Fogo, para queimar qualquer energia remanescente. Peça que a paz e a quietude voltem àquela área.

Antes de sair desse primeiro círculo, separe-se fisicamente da tragédia. Se quiser estender-se mais nessa parte da tragédia em si, faça-o em uma outra data; por ora, você já fez o que podia, e ficar conectado a ela, não apenas iria afetá-lo adversamente, mas também o impediria de dar continuidade ao ritual.

Seu próximo círculo é formado em volta do símbolo para os sobreviventes. Seu principal objetivo, aqui, é expressar compaixão e um sentimento de unidade com seus companheiros humanos. Isso pode ser feito de muitas maneiras e os participantes podem combinar, antecipadamente, o procedimento a ser adotado. Em uma situação emocional como essa, é particularmente importante manter-se no plano do ritual. Se qualquer coisa inesperada acontecer, pode atrapalhar todo o procedimento. Qualquer que seja a forma escolhida para manifestar sua compaixão e unidade — música, silêncio, dança ou uma prece — certifique-se de separar-se posteriormente daqueles que esteve ajudando.

O próximo círculo que formar destina-se a ajudar as famílias e os amigos das vítimas a darem seus primeiros passos vitais para o desligamento do horror que envolveu a morte de seus entes queridos. Agrupados em volta do terceiro símbolo, tente tranqüilizar os pesadelos e as imagens chamuscadas que os estão dilacerando. Ajude-os a exorcizar seu medo e fúria. Quando lhes tiver dado todo o apoio que puder, recue e separe-se deles, como antes.

Quer você a realize ou não, a quarta seção do ritual depende de como se sentir capaz de ajudar aqueles que morreram. Se for fazê-la, seu apoio será particularmente valioso, porque aqueles que morrem em circunstâncias dramáticas, sem aviso, quase sempre têm grande dificuldade em partir. Compaixão e amor são curadores e libertadores muito fortes; com a ajuda de todos os que puder chamar, expresse esses sentimentos ao máximo.

Agora, vá para o centro da sala, longe de todos os símbolos com que trabalhou. Mais uma vez, limpe-se do medo e do desespero. Feche cada um dos seus chakras, de acordo com os exercícios de *fechamento*, descritos na p. 161. Visualize um manto azul e envolva-se nele. Feche o chakra da garganta.

Saia da sala e desmonte o local do ritual.

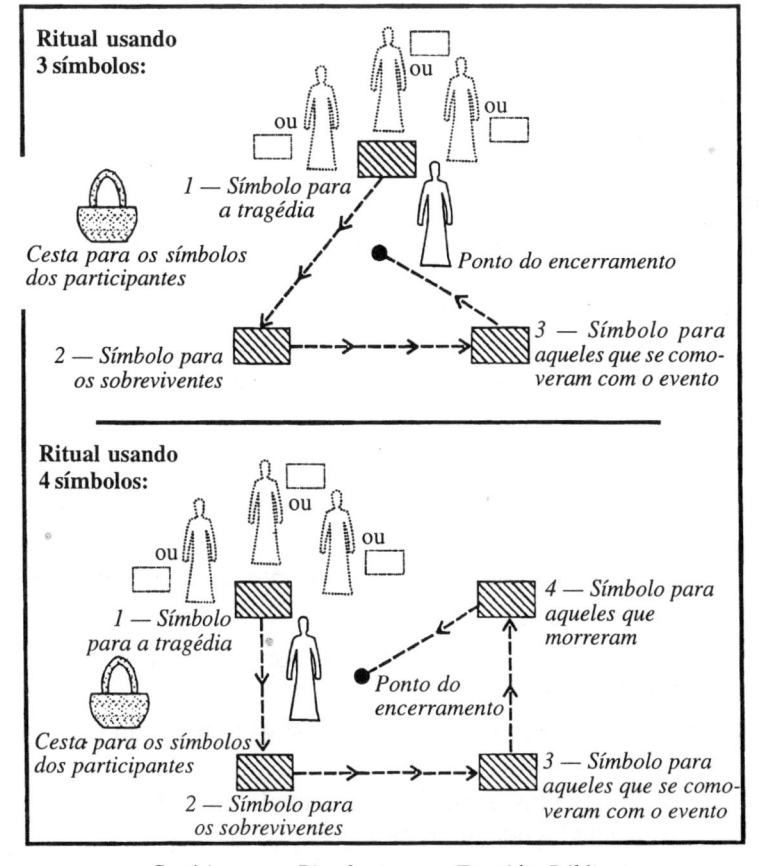

Cenário para o Ritual para uma Tragédia Pública

Preparação

Coloque, em uma cesta, os símbolos que tiver escolhido para representar outros colaboradores.

Coloque, em um triângulo ou em um quadrado, os três ou quatro símbolos para:

1 — a tragédia,
2 — os sobreviventes,
3 — os amigos e familiares das vítimas e
4 — os mortos, se for incluí-los no ritual.

Estabeleça a forma a ser utilizada para oferecer ajuda aos sobreviventes.

Recapitulando

- Fique em um círculo, em volta do seu símbolo para a tragédia. Se estiver sozinho, sempre complete os vários círculos com os que representam seus companheiros participantes.
- Imagine a tragédia o mais vivamente que puder.
- Peça para a dor e o medo serem transformados em pura energia.
- Peça a ajuda dos quatro elementos.
- Separe-se fisicamente da tragédia.
- Faça um novo círculo em volta do símbolo para os sobreviventes.
- Expresse sua compaixão e sentimento de solidariedade.
- Separe-se deles.
- Forme um círculo em volta do símbolo para os amigos e familiares das vítimas.
- Ajude a enterrar o medo e a fúria que envolvem o evento. Separe-se deles.
- Se quiser prosseguir, faça um círculo em volta do símbolo para aqueles que morreram.
- Ajude-os a se libertarem da Terra.

- Separe-se deles.
- Fique no centro da sala e desligue-se da tragédia.
- Faça o exercício de fechamento dos chakras, descrito na p. 161.
- Saia da sala.
- Desfaça o ritual.

A morte de um animal

A morte de um animal como resultado de um acidente, doença ou por causas naturais pode nos deixar com uma grande sensação de perda. O animal pelo qual choramos costuma encaixar-se em uma das duas categorias: ou é de estimação ou faz parte de nossa vida profissional, como os animais de fazenda ou de performance. Em qualquer dos casos, a presença do animal foi entrelaçada à vida do indivíduo ou da família com a qual vivia ou trabalhava e o buraco deixado por essa morte precisa de um ritual que declare quanto a contribuição desse animal era apreciada e quanto, agora, faz falta.

A forma exterior desse ritual deve ser o mais flexível possível, desde que o mesmo possa ser usado para a morte do gato de uma velha pessoa solitária tanto quanto para a de um elefante de circo. O dono do gato, provavelmente, se sentirá intensamente privado em relação a sua dor, enquanto o grupo formado pelas pessoas do circo poderá achar que um ritual extravagante é a única forma satisfatória de expressar seu forte envolvimento com o animal. Deve ser possível adaptar o ritual básico que se segue para cobrir um vasto espectro de possibilidades.

O Ritual

A morte do animal de uma criança costuma ser muito pouco honrada pelos adultos da casa. Mesmo que o amor pelo animal não tivesse se manifestado de maneira imediata e óbvia — como no caso de um rato ou um sapo, por exemplo —, tratava-se de uma criatura com a qual a criança compartilhava um mundo imaginário. Seu desaparecimento, portanto, pode trazer uma desolação opressiva. Para completar essa tristeza, ela pode enfrentar, pela primeira vez, o caráter irrevogável da morte. Embora ela chore e peça, ninguém poderá trazer seu bichinho de volta; muitas crianças acham esse fato quase tão difícil quanto aceitar a morte verdadeira. Um dos propósitos desse ritual é, então, ser uma iniciação que influenciará todas as futuras atitudes da criança sobre coisas que são irrevogáveis.

As respostas para as perguntas que uma criança faz nesse momento, bem podem ser alteradas pelo que vier a acreditar depois; mas você deve, no entanto, dar respostas firmes. Para onde foi esse amigo morto? Ele está feliz? Ele sente falta dela e sabe que ela o continua amando? Responda a essas perguntas o mais aberta e verdadeiramente que puder, mesmo que ache difícil. Qualquer tentativa de prevaricar ou proteger a criança será imediatamente percebida e causará uma grande confusão.

Se você aceita o conceito de que animais pertencem a grupos, tendo uma alma comum, e que o bichinho da criança agora terá retornado ao seu grupo, procure explicar isso a ela. Nada poderá tranqüilizá-la mais do que saber que o seu bichinho foi para uma reunião com amigos próximos.

Uma vez que a imaginação e empatia da criança já estarão envolvidas com a morte do animal, ela, provavelmente, precisará apenas de umas poucas diretrizes gerais para criar um ritual. Mas certifique-se de que os aspectos práticos permitam que, de alguma forma, ela experimente o menor trauma possível. Se a morte tiver sido causada por um acidente com resultados visíveis, é melhor a criança não ver o corpo do animal. Nesse caso, dê à criança o receptáculo que ela tiver escolhido, já lacrado, para que o decore como quiser — adornar uma caixa simples com papel colorido, flores, adesivos ou desenhos poderá ajudá-la a expressar seu amor pelo animal. Após o ritual, o receptáculo deve ser, se possível, enterrado; se não tiver como fazer isso, dispense-o com carinho. Se isso for exigir muito da criança, faça-o por ela, de preferência quando estiver adormecida.

Deixe a criança escolher se quer ou não fazer o ritual sozinha e onde gostaria de realizá-lo — preferencialmente, em um local protegido, onde não seja perturbada. Um pouco de sua tristeza pode ser aliviada fazendo um discurso de adeus para o seu bichinho, mas se ela estiver muito chocada ou tímida para fazer isso, um adeus silencioso será igualmente eficaz.

Em um ritual a ser realizado mais por adultos do que por crianças, as diretrizes acima podem ser seguidas com a possível adição de velas, que muitas pessoas acham ser uma parte necessária de qualquer cerimônia relacionada à morte.

Quando estiver preparando um receptáculo para enterrar o animal, não se sinta tímido em decorá-lo: a ligação especial entre você e o animal, geralmente, pode ser mais bem representada por desenhos e cores.

Escrever algumas palavras sobre o animal também pode ajudar a tranqüilizar sua angústia. Isto pode ser especialmente útil se, pelo tamanho do animal, ele tiver de ser levado diretamente para o local do enterro, ou se, por causa dos regulamentos da saúde pública, o mesmo tiver de ser disposto de uma forma desrespeitosa e sua cerimônia, realizada em outro lugar.

Tente criar, por meio do ritual, um foco fora de sua casa onde o afeto sentido pelo animal possa ser centrado.

Não substitua o animal, especialmente se for de criança, até que todo o sentido de deslealdade em relação ao animal morto tenha sido superado. Se foi uma companhia de trabalho que morreu e tiver de ser imediatamente substituída, certifique-se de explicar a situação ao animal morto, reafirmando que ninguém tomará o lugar dele em suas afeições.

As instruções usuais se aplicam para a finalização e encerramento do ritual.

Preparação

Se apropriado, decore o "caixão" do animal.
Se for enterrá-lo sozinho, prepare o local do sepultamento.
Tenha velas prontas, se desejar.
Tenha em mãos material para escrever.

Recapitulando

- Diga adeus da forma que achar apropriado.
- Acenda as velas, se necessário.
- Escreva algumas palavras sobre o animal, se isso for ajudar.
- Escolha um ponto focal, fora de sua casa, onde sua afeição pelo animal possa ser centrada.
- Se um animal de trabalho tiver de ser substituído imediatamente, explique isso ao animal morto.
- Desfaça o ritual.

Um roubo

Embora tentemos não nos prender muito aos objetos materiais, ter alguma coisa pela qual nos esforçamos ou que tenha grande valor sentimental roubada, causa-nos um considerável tormento. Esse, por sua vez, provavelmente será composto por medo e uma sensação de que nós e — no caso de arrombamento — nossa casa fomos violados. Dispersar essas emoções é vital para nossa saúde física.

O Ritual

A primeira parte do ritual objetiva desligar você, o mais conclusivamente possível, dos objetos roubados. Para cada um deles, desenhe ou escreva em um cartão uma descrição bem detalhada. Então, coloque-os no chão de um jeito que ilustre a importância dos mesmos para você e diga-lhes, a todos juntos ou individualmente, o que sente por eles e o quanto nota seu desaparecimento. Lamente-se realmente, em palavras, com um canto ou apenas manifestando-se em silêncio. Explique-lhes que, porque a probabilidade de tê-los de volta é muito pequena, você gostaria de, agora, libertá-los tanto quanto a constante irritação que eles, de outra forma, causariam.

Não jogue esses cartões no lixo, mas sim enterre-os ou queime-os. Qualquer dos elementos envolvidos (terra ou fogo) irá completar a cerimônia para você, embora cada um vá fazer de uma forma diferente. Se preferir jogá-los na água e tiver acesso a um fluxo natural (água corrente é preferível), use folhas ou flores em vez de cartões para representar os objetos roubados e deixe-os ir embora flutuando.

Caso os bens roubados venham a ser recuperados, certifique-se de dar-lhes as boas-vindas com tanta cerimônia quanto lamentou-lhes a perda.

A segunda parte do ritual busca limpar você e sua casa desse sentimento de invasão que torna um roubo tão difícil de se lidar. Embora possa parecer irracional, muitas pessoas experimentam um roubo como um ataque personalizado. Por que foram escolhidos para essa afronta? O que poderá acontecer-lhes depois? Como poderão sentir-se seguros novamente? Certos pontos de confiança básicos da vida são abalados por esse tipo de experiência e, a menos que algo seja feito a respeito, o sentimento persiste.

A primeira coisa a fazer é certificar-se de que todos os traços da presença do ladrão tenham sido removidos, bem como todas as impressões digitais e sujeira, limpas. Se necessário, faça nova pintura em uma parede ou no aposento todo antes de fazer o ritual.

Escolha um momento do dia quando tiver certeza de não ser incomodado. Então, com velas acesas, sozinho ou com amigos, percorra toda a casa, incluindo garagem, abrigo do jardim etc. Se sentir que um incenso poderá ajudar a dispersar a presença do intruso, use-o. Borrifar água nos quatro cantos de cada cômodo da casa é também uma poderosa forma de limpar espiritualmente um local; em cada cômodo, quieta e tranqüilamente, vá banindo as energias do assaltante.

Se, durante o roubo, você tiver sido vítima de ataque físico, é vital que liberte seu corpo da presença do ladrão (veja o ritual para estupro na p. 101). Tente, também, perdoá-los o mais incondicionalmente que puder, lembrando-se de que o ódio e o ressentimento formam ligações tão potentes quanto as de amor; então, perdoá-los, além de espiritualmente desejável, será um ato em benefício próprio.

Envolva todos os cômodos com amor e proteção e preencha-os de luz.

Se, no final da cerimônia, você continuar se sentindo carregado de ódio e com uma sensação de afronta pessoal, escreva uma carta aos ladrões expressando tudo o que sente — depois, queime-a o mais calmamente possível.

Sempre que sair de casa, de agora em diante, coloque, mentalmente, o símbolo da cruz envolta em um círculo de luz na porta de entrada de sua casa. Então, irradie luz violeta (a cor que tem a vibração mais alta e mais espiritual) para toda a casa.

Preparação

Prepare pedaços de papel com a descrição ou o desenho dos objetos roubados.

Tenha um recipiente no qual possa queimá-los ou uma pá com a qual possa cavar para enterrá-los.

Remova todos os traços físicos dos ladrões.
Tenha disponível uma vela para cada pessoa que estiver no processo.
Tenha incenso disponível, se quiser.

Recapitulando

- Coloque os pedaços de papel, folhas ou flores no chão, da forma apropriada.
- Converse com eles. Liberte-os.
- Enterre-os, queime-os ou consigne-os à água.
- Com velas acesas, percorra toda a casa, por dentro e por fora.
- Se necessário, faça o ritual para violência física (veja p. 101).
- Se quiser, faça um pequeno ritual para cortar os laços (veja p. 26).
- Se quiser, escreva uma carta para os assaltantes e queime-a.
- Termine o ritual mandando amor e proteção para a casa.

Rituais para Novos Começos

Introdução aos Rituais

Os rituais deste capítulo são para marcar fins e novos começos. Eles irão ajudá-lo a deixar para trás o que precise ser deixado, a fim de que possa andar para frente de forma positiva e em direção ao futuro.

Eles são baseados na premissa de que é indesejável arrastar para a morte o peso que fica em nossos ombros quando nos mudamos de um ciclo para outro. Quanto mais limpos, fisicamente falando, e aliviados pudermos estar no começo de uma nova fase, melhores serão as chances de termos benefícios e de darmos o nosso melhor.

Terminando uma terapia

Embora uma terapia possa ser difícil, até mesmo dolorosa, terminá-la pode ser tão difícil quanto. Realmente, muitas pessoas em terapia prosseguem com ela por muito tempo além do necessário pela simples razão de ser difícil terminá-la. É muito fácil tornar-se dependente da terapia, da mesma forma como podemos nos viciar em drogas ou álcool; mas, mesmo quando a terapia tiver chegado a um acordo em todas as regras, a vida, em princípio, pode parecer difícil sem ela.

Uma das principais razões para isso é que ela está vinculada a uma grande mudança na forma como você vem se relacionando consigo mesmo e com o mundo exterior durante a passagem dos meses ou anos. A terapia é, por isso, uma ocupação muito natural e introvertida, com o propósito de fazer com que você se volte para si mesmo com o fim de ajudá-lo a dissecar suas ações e reações, sentimentos e motivos. Está relacionada com detalhes e símbolos que buscam trazer o entendimento de assuntos mais amplos. Na conclusão de uma terapia, você estará sendo instado a substituir o seu modo de olhar para o interior por um que o ultrapasse.

Também estará sendo tirado do papel de estrela, que era quase seu por direito, durante suas sessões de terapia. Apenas a total concentração em você pode fazer com que os laços se desmanchem e você se integre ao mundo como uma pessoa mais completa. Este é o contrato entre você e o seu terapeuta. Mas, uma vez que o contrato esteja concluído e você pronto para contar com suas próprias forças interiores em vez de com uma figura externa, a complexidade de sua psique deixa de ser o foco central. A menos que sua atenção se volte para o mundo exterior e você aplique nisso tudo o que aprendeu, muito do esforço e da dor das sessões de terapia terão sido perdidos.

Renunciar a alguma coisa familiar é sempre difícil porque padrões e hábitos formam-se com muita facilidade. Quer sua terapia tenha sido interessante ou dolorosa, pesada ou fantástica, se tiver durado um bom período de tempo, terá se tornado parte da sua vida da qual precisará ir se desacostumando cuidadosamente. A mudança não apenas irá requerer que você faça as coisas sem o apoio regular e a confirmação de si mesmo, mas também que ponha um final aos desgastados padrões com os quais vinha lidando. Isso, espera-se, será gradualmente alcançado no curso da terapia; mas, mesmo que tenha sido, esse momento de revisão e soma trará uma real liberdade dessas dificuldades.

Dar voz à sua apreciação pelo que quer que a terapia lhe tenha dado é outro aspecto importante desse ritual. Quer sinta que tenha sido um fracasso, um enorme sucesso ou algo entre os dois, presumivelmente você terá ganho uma útil perspectiva. Enumerá-las irá ajudar a se tornarem mais concretas e acessíveis. Reconhecendo que o tempo dedicado a essa busca por clareza e integração foi importante, também estará construindo o fundamento para um crescimento posterior.

O Ritual

Antes de entrar nesse ritual você deve ter três símbolos prontos. O primeiro representa os assuntos em que esteve trabalhando e que acha que estão resolvidos. Quando escolher esses símbolos, considere cuidadosamente a qualidade, peso, formato e cor dos assuntos. O tempo gasto em encontrar o símbolo perfeito será recompensado.

Para aquelas questões que não foram resolvidas ou, possivelmente, nem tocadas, encontre um segundo símbolo e tente definir as razões para a não resolução. Considere também que as soluções podem ser encontradas no futuro. Acima de tudo, afirme à sua psique que esses assuntos serão tratados o mais rápido possível.

O terceiro símbolo representa tudo o que você aprendeu durante a terapia.

Esse ritual requer dois espaços de tamanhos diferentes, pois um considera a terapia como um período da vida justificavelmente autocentrado e, outro, o futuro, como aquele mais voltado para o exterior. Um dos espaços deve ser grande o suficiente para apenas duas pessoas, enquanto o outro deve utilizar todo o restante da sala. A divisão entre eles pode ser feita por almofadas. No espaço menor, coloque uma cadeira para você e outra para o "terapeuta", que estará representado por uma fotografia ou algum objeto. Coloque um cestinho de lixo entre vocês.

No restante da sala, que representa todo o seu mundo exterior, coloque símbolos ou cartões escritos para cada uma das áreas de sua vida: trabalho, casa, igreja, sociedades, amizades etc. Colocando-os de tal maneira que possa haver uma relação visual entre eles e as posições de importância relativa em sua vida, você ganhará uma interessante perspectiva.

Sente-se primeiro no espaço menor, em frente ao "terapeuta", e expresse seus pensamentos e emoções, elogiosos ou negativos, sobre o trabalho que fizeram juntos. Então, pegue o símbolo para os assuntos resolvidos e jogue no lixo, agradecendo ao terapeuta por sua ajuda em conseguir resolvê-los.

Agora, pegue o símbolo para os assuntos não resolvidos e declare, em voz alta, o que pretende fazer a respeito deles. Você pretende voltar à terapia depois de um certo período de adaptação? Irá usar o que aprendeu para lidar com eles sozinho? Está tão de "saco cheio" de introspecção que prefere enterrar esse símbolo e fingir que esses problemas nunca existiram? Se essa for sua idéia, seja completamente honesto, de outra forma irá anular alguns dos benefícios da terapia. Qualquer que seja sua decisão, coloque esse símbolo no seu bolso esquerdo, tendo claro o que fará a respeito.

Depois de agradecer por isso, coloque o terceiro símbolo em seu bolso direito — tudo o que aprendeu agora é parte de você.

Depois, vá para a parte da sala que representa o "mundo" e considere como cada parte da sua vida foi modificada com a terapia. Tente expressar precisamente a particular qualidade da mudança ocorrida em cada uma. Agora que descartou o que está resolvido e comprometeu-se a lidar com o que não está, você pode, realmente, fazer uso do que aprendeu.

Saia da sala e, depois, volte para deixá-la em ordem.

Preparação

Forme, com almofadas, um espaço pequeno. Coloque nele duas cadeiras.

Coloque um cesto de lixo entre as duas cadeiras.

Coloque os três símbolos que escolheu na frente da sua cadeira.

No restante da sala, coloque os símbolos/cartões que tiver escolhido para trabalho, casa, igreja etc., de tal forma que mostre a importância relativa que cada um tem para você, assim como a ligação entre eles.

Na cadeira do terapeuta, coloque uma foto ou um símbolo para representá-lo.

Recapitulando

- Sente em frente ao seu terapeuta.
- Expresse sua opinião sobre o período da terapia.
- Ponha no cesto de lixo seu símbolo para os assuntos resolvidos, agradecendo ao seu terapeuta pela ajuda.
- Segurando o símbolo para assuntos não resolvidos, declare suas intenções em relação a eles.
- Coloque esse símbolo no seu bolso esquerdo, prometendo lidar com eles de uma forma ou de outra.
- Coloque o terceiro símbolo em seu bolso direito e agradeça.
- Vá para o "mundo".
- Considere como a terapia mudou seu relacionamento com essa área. Expresse a qualidade de cada mudança.
- Saia da sala.
- Desmonte o espaço.

O fim de uma doença

Muitas pessoas acreditam que nós nos levamos às doenças ou aos acidentes necessários ao crescimento de algum de nossos aspectos espiritual e/ou psicológico. Então, entender nossa necessidade da doença e desvendar a mensagem dela, quando a contraímos, é vital para nos ajudar a terminar com ela e bani-la definitivamente.

Uma razão comum para atrair doença é que a vida espiritual de muitas pessoas, nesse momento, está se desenvolvendo tão rapidamente que elas precisam de bastante tempo sozinhas. Incapazes de conseguir esse espaço para reflexão e crescimento em sua rotina diária, tais pessoas podem, inconscientemente, chamar para si alguma forma de doença que as obrigue a dedicar mais tempo, em silêncio, para si mesmas.

Outra razão está ligada às nossas vidas passadas. Como já foi dito, há muito mais do que o nosso corpo físico; temos outros corpos vibrando em freqüências mais altas, todos com um objetivo comum: chegar à Luz ou ao Divino. Essa parte de nós que é eterna e retorna de tempos em tempos para a Terra para continuar seu aprendizado, está subordinada ao carma, à lei de causa e efeito. Uma vez que colhemos o que plantamos, iremos sempre nascer no ambiente onde voltaremos a encontrar aqueles que erraram conosco e aqueles com quem erramos — isso nos dá a oportunidade de pagar nossas dívidas cármicas.

Da mesma maneira, se alguma coisa relacionada à nossa saúde permaneceu sem resolução em uma vida anterior, ficar doente agora poderia ser a forma mais natural de resolvê-la. O mesmo se aplica ao mal físico feito a alguém — carma passado pode ser redimido, agora, por uma doença.

O motivo pelo qual uma doença em particular é atraída, põe em questão muitos aspectos. A doença respondeu a uma necessidade psicológica? Amor e atenção eram tão desejados? Se sim, por que eles não podiam ser conseguidos por meios mais delicados? A razão da doença era espiritual? A possibilidade da morte precisava ser encarada antes de um avanço no caminho poder ser feito? Foi um período de temporária imobilidade ou de alguma outra incapacidade necessária para despertar a compaixão pelos outros?

Se temos que aprender algumas lições de uma doença, devemos analisar seus efeitos exatos no corpo. Onde, por exemplo, está localizada? Se do lado esquerdo, está chamando atenção para a natureza feminina; se do lado direito, para a natureza masculina. Em que chakra? Quais dos quatro elementos estão envolvidos? Nossa circulação, por exemplo, está relacionada ao elemento água; os pulmões, ao ar; os ossos, à terra; e as emoções, ao fogo. E qual função está sendo definida? Uma mão machucada pode representar ação prejudicial; um seio doente pode estar relacionado a nutrição; problemas nos pés podem apontar uma falta de sustentação; enquanto um coração doente pode estar falando sobre o centro vital da pessoa.

Uma exploração concentrada na condição particular irá dar muitas dicas, desde um simples pedido de descanso até um violento aviso de desastre. As mensagens podem também ser mais sutis. Se, por exemplo, você tem a garganta constantemente inflamada, pode ser muito recompensador considerar com que sucesso sua criatividade tem recebido permissão para se expressar. Se sua respiração for ofegante e dolorosa, seus pulmões não estão sendo preenchidos com o ar da vida ou do Espírito — o que você está recusando da vida?

A medicina moderna perdeu seu conceito de doença como um orientador e seu único critério é a velocidade da recuperação. Mas a supressão dos sintomas não significa cura e, muito comumente, drogas modernas não apenas nos privam da oportunidade de descanso e crescimento, mas também nos roubam algumas dicas inestimáveis sobre nossos estados psicológico e espiritual. Não é sábio deixar isso acontecer, simplesmente porque a doença, que é meramente omitida, não curada, irá quase sempre ressurgir.

Então, mesmo se os sintomas tiverem desaparecido e você tiver recebido alta, não peça para que sua doença parta totalmente até estar satisfeito, até ter aprendido com ela tudo o que podia.

O Ritual

Tudo o que é necessário para esse ritual é um círculo, dentro do qual você coloca uma grande bola de lã de algodão que tenha sido afofada o bastante para se tornar especialmente absorvente. Uma testemunha pode ser convidada para o ritual, se quiser, mas não é necessária.

Entre no círculo e fique ao lado da bola de lã. Derrame nela todos os sintomas e ansiedades que tem experimentado durante sua doença; deixe que todas as dores de cabeça, indigestões, cãibras e tosse sejam absorvidos por ela. Esses medos e dores agora estão gastos; você não precisa mais carregá-los.

Se a doença ameaçar-lhe a vida, dê adeus ao medo da morte.

Agradeça a sua doença pela nova consciência que lhe trouxe.

Pegue a lã de algodão e coloque-a em um recipiente fechado, do lado de fora do círculo, afirmando que, no final da cerimônia, irá queimá-la ou colocá-la embaixo da torneira e, depois, torcer ou enterrá-la.

Coloque um chumaço limpo de lã de algodão no centro do círculo. Ande lentamente pelo lado de fora do círculo três vezes, afirmando sua liberdade da necessidade dessa doença em particular.

Saia da sala.

Desfaça o círculo.

Preparação

Faça um círculo.
Coloque uma bola grande de lã de algodão afofada dentro dele.
Tenha outro chumaço de lã de algodão disponível.
Coloque um recipiente fechado do lado de fora do círculo.

Recapitulando

- Entre no círculo.
- Derrame na lã de algodão todos os sintomas que tem experimentado durante a doença.
- Agradeça a doença pelo aprendizado recebido.
- Coloque a lã de algodão do lado de fora do círculo, no recipiente fechado, prometendo despachá-lo assim que o ritual terminar.

- Coloque um novo chumaço de lã de algodão no centro do círculo.
- Ande três vezes em volta do círculo, afirmando sua liberdade da necessidade dessa doença em particular.
- Saia da sala.
- Desmonte o local do ritual.

Deixando uma empresa

Quer tenha deixado voluntariamente ou não uma empresa, o processo de desligamento nunca é fácil. Se a partida tiver sido dificultada por sentimentos de injustiça ou amargura, será mais difícil ainda. O termo "empresa", como usado aqui, inclui negócios, instituições de caridade ou qualquer outro grupo com o qual esteve seriamente envolvido em termos de carreira, tempo, dinheiro ou emoções.

A palavra "desembaraçar-se", evocando uma confusa teia de aranha, é a chave para esse ritual. Todos os seus pensamentos e emoções, desde que entrou na empresa, emitiram diminutos fios etéricos que agora estão entrelaçados, não apenas ao redor de você, de seus colegas e chefe, mas também da empresa em si. Com a passagem do tempo, esses fios se expandiram e deram origem a grupos de formas-pensamento. Suas reações aos objetivos e objetos da empresa e os métodos pelos quais são alcançados também construíram fortes ligações entre vocês. A menos que esses laços sejam conscientemente rompidos, eles continuarão afetando-o muito depois de querer estar livre deles. Permanecer embaraçado neles poderia ser, na melhor das hipóteses, confuso, e na pior, completamente embrutecedor.

O Ritual

Coloque duas cadeiras, uma de frente para a outra, com um cesto de lixo entre elas. Uma cadeira representa a empresa; a outra é sua. Próximo da sua cadeira, faça uma pilha de novelos de lã de diferentes cores.

Sente-se e amarre um dos novelos de lã a alguma parte da cadeira da empresa, declarando que o fio daquele novelo representa você na empresa. Onde, exatamente, você o colocar, provavelmente será tão significativo como a cor da lã que tiver escolhido. Você prendeu a lã abaixo do assento porque se sentia "não visto" no trabalho? Prendeu-a no braço direito da cadeira porque era a "mão direita" do chefe? Se não der importância específica à posição, não se preocupe: isso pode não ser significativo nesse caso, ou a resposta pode vir até você depois, durante o ritual.

Continue prendendo fios de diferentes cores à cadeira, identificando cada um deles, em voz alta, como pessoas, problemas, habilidades que você trouxe para a empresa ou assuntos nos quais esteve envolvido e por aí em diante. Depois de prender cada fio, coloque os novelos de lã cuidadosamente no chão para que não se embaracem.

Certifique-se de questionar fatores, tais como a forma como você era tratado. Isso já o deixou irritado? Existia a impressão de que os ideais da empresa estavam sendo traídos? Você sentia ciúme de algum de seus colegas? Estava decepcionado, até magoado, porque uma doença o obrigou a sair?

Onde dois fatores distintos coexistirem, como na última possibilidade, tenha certeza de dar, a cada um deles, um fio diferente de lã. Sua doença seria um fator, sua decepção, outro...

Uma vez que tenha terminado essa parte do ritual, tente estabelecer as ligações entre os diferentes fios de lã, cruzando um com o outro. Se, por exemplo, você tinha ciúme da pessoa que o substituiu, essa pessoa e seu ciúme precisam ser cruzados.

Ao entretecer esses elementos e pessoas, defina para si, o mais claramente possível, a forma como continua ligado à empresa e como quer que seja o relacionamento com ela de agora em diante. Todos os laços devem ser cortados? Há pessoas lá que você gostaria de continuar vendo? Quanto mais claro puder ser a esse respeito, mais eficaz será a próxima fase do ritual.

Ao começar o processo de se soltar, seja muito discriminativo. Os fios que se referem a coisas que você qualificou como sendo sem valor, devem ser definitivamente cortados da cadeira e do novelo de lã e jogados no cesto de lixo. No entanto, aqueles referentes ao que você valoriza e quer manter, precisam ser soltos, enrolados novamente no novelo e colocados em uma caixa.

Sente-se por um momento e agradeça por tudo o que recebeu da empresa. Agora que todos esses fatores positivos foram isolados, você será capaz de se beneficiar deles sem precisar ser sugado novamente pelo passado para poder alcançá-los.

Preparação

Coloque duas cadeiras com um cesto de lixo entre elas.
Coloque, ao lado de sua cadeira, vários novelos de lã.
Deixe uma caixa na qual alguns dos novelos serão, posteriormente, colocados.

Recapitulando

- Sente-se.
- Na cadeira que representa a empresa, na parte que julgar apropriado, vá amarrando fios de lã para cada pessoa, problema, assunto ou habilidade que quiser representar.
- Considere quais desses vínculos você quer manter.
- Corte os fios de lã não desejados e coloque-os no lixo.
- Solte os fios desejados e enrole-os novamente nos novelos. Coloque-os na caixa.
- Agradeça por tudo o que recebeu.
- Saia da sala.
- Desfaça o ritual.

Fazendo planos de ano novo

Com o soar do Ano-Novo, uma enchente de planos ideais resolve surgir. Gula, preguiça, ciúmes, orgulho, inveja e uma multidão de outras qualidades indesejáveis serão descartadas. Planos envolvendo dinheiro também são muitos: gastar menos, ganhar mais, controlar melhor as contas... É tudo lindo e maravilhoso — por uns dez dias.

Então, fraquezas e debilidades começam a surgir. Uma caixa de chocolates que sobrou do Natal é consumida "porque seria errado perdê-la"; o rigoroso horário destinado a escrever o livro que "vai abalar o mundo" é quebrado "só essa vez" — e a rampa escorregadia é aberta. Então, o ciúme dá as caras e pega você, e atrás dele vem uma fila sórdida. As tentações surgem nas compras, seria uma visão pequena não sucumbir. E assim vai. No final de janeiro, a safra de planos para o ano foi qualificada como idiota e impraticável. Felizmente, todos os planos ridículos podem ser esquecidos até o ano que vem.

Mas isso não é mais uma perda? Combinando esse maravilhoso Novo Começo com um ritual, não podemos ancorar pelo menos uma ou duas mudanças desejáveis?

O Ritual

Embora séria em seus propósitos, essa cerimônia é basicamente festiva, já que faz parte do Dia de Ano-Novo. Pegue uma quantidade de velas coloridas correspondente à quantidade de planos que tem e coloque-as no chão, em forma de serpente. Decore a sala com muito verde. Coloque, em uma mesa, alguns objetos ou um poema que expresse mudança: a figura de uma borboleta, de um iceberg ou de uma árvore de outono a ponto de desprender suas folhas. Depois disso, coloque um símbolo representando o que você quer ser no final do ano. Se não puder achar nada que defina satisfatoriamente essa qualidade, pegue uma fotografia sua e prenda a ela um pedaço de papel com seus objetivos. Um compromisso feito com sua própria imagem é mais difícil de ser modificado ou fraudado.

Se muitas pessoas estiverem participando do ritual, elas devem colocar seus objetos pessoais em seções separadas da sala e realizar a cerimônia revezando-se, em grupos maiores ou menores, da forma como tiver sido combinado antes. Se não houver espaço suficiente para isso, façam o ritual um de cada vez. Para isso, simplesmente substitua as velas e os símbolos após cada pessoa ter terminado o seu ritual.

Quando entrar na sala, acenda todas as velas da serpente, identificando-as ao fazê-lo. Use o tempo que for preciso. Considere, de verdade, cada qualidade ou plano. Ponha toda a sua energia em cada um, mas tome cuidado para não ser muito ambicioso, porque nada é mais desanimador e enfraquecedor do que fracassar em um plano. Uma pequena falha pode fazê-lo desistir de tudo, ao passo que, se tivesse sido menos exigente, poderia ter sido bem-sucedido.

Quando as velas estiverem todas acesas, pegue o seu símbolo para mudança e segure-o em suas mãos. Peça, em voz alta ou em silêncio, a força necessária para efetivar essa mudança. Peça apenas para que essa força flua harmoniosamente com o resto de sua vida.

Agora, pegue seu segundo símbolo e expresse em voz alta exatamente o que quer de si nos próximos doze meses. Imagine o mais vivamente possível como estará no ano seguinte. Saúde o seu eu embrionário.

Apague as velas, uma de cada vez.
Saia da sala.
Desfaça o ritual.

Preparação

Faça uma serpente de velas.
Decore a sala com folhagens.
Coloque, em uma mesa, um objeto, símbolo ou figura expressando mudança.
Ao lado, coloque um símbolo para as suas pretensões para o próximo ano.

Recapitulando

- Acenda todas as velas, identificando-as.
- Segure o símbolo para a mudança e peça a força necessária para realizá-la.
- Segurando seu segundo símbolo, expresse suas aspirações detalhadamente.
- Saúde seu novo eu.
- Cada participante repete o processo.
- Apague as velas.
- Saia da sala.
- Desfaça o ritual.

Um aniversário

Muitos de nós guardamos da infância a sensação de que nosso aniversário é um momento de celebração, um dia especial no qual todos estarão tentando nos agradar. Para essas pessoas, um ritual de aniversário não apresenta problemas. Elas simplesmente irão querer fazê-lo da forma mais divertida e triunfante possível para afirmar que o que já sabiam era verdade.

Mas não é assim para todos. Para algumas pessoas, o aniversário é rodeado por memórias tristes e um amontoado de medos, cujas causas e durações variam. Alguém irá lembrar-se do seu aniversário? O que aconteceu no ano passado? Por que elas precisam ser dolorosamente lembradas de que suas vidas estão passando? Questões de autovalorização, em todas as suas formas, vêm muito antes do aniversário.

Para aqueles que acham aniversários difíceis, um ritual irá precisar de mais imaginação, pois estará tentando reverter um padrão já estabelecido que é, fundamentalmente, suspeito de celebração. Pode ser de grande ajuda fazer, antes dele, um ritual de iniciação (veja p. 78 ou 84), pois muitas pessoas que evitam comemorações de aniversário são aquelas que relutam em ter raízes no planeta.

Se essa idéia não lhe agradar, tente, antes de o ritual estar para acontecer, lembrar-se de todas as coisas boas dos anos passados e antecipar o que é positivo para o ano vindouro. Tente também recordar-se dos aniversários felizes que já aconteceram — poucas são as pessoas que não têm do que se lembrar.

O Ritual

Para aqueles que gostam de seus aniversários, vestir-se de um jeito especial é uma boa maneira para acrescentar o clima festivo ao ritual.

Faça um círculo muito bonito com flores e objetos atrativos em cores harmoniosas. Preencha o círculo com bandeirolas e fitas. Se for em um bom local para o aniversariante receber seus presentes, empilhe-os em uma das extremidades do mesmo. Você também pode colocar o bolo ao lado deles. Acender as velas e apagá-las depois pode ser o ponto alto da cerimônia.

Se o aniversariante tiver algum interesse ou *hobby* em particular, pode ser divertido ter um tema coordenando a decoração. Como é uma ocasião quando vocês todos estarão se mexendo e se expressando com alegria mais do que com solenidade, não use adereços formais.

Muitas das pessoas que se regozijam em seu aniversário irão, provavelmente, preferir que esse ritual seja realizado com o máximo de amigos possível; então, faça um círculo realmente grande. O aniversariante entra primeiro e, então, é cercado pelos convidados. Dessa posição de estrela, ele expressa qualquer coisa que quiser dizer: sua alegria por estar vivo, sua felicidade com as amizades, seus ideais para o ano que está vindo... o que ele sentir. Se alguém quiser dar uma resposta, deve fazê-lo.

Abraçar todos, cantar, receber presentes, acender as velas do bolo... tudo isso pode ser parte do ritual — qualquer coisa que se adapte ao humor do aniversariante e afirme que um dia especial é, realmente, muito bom. Se todos entraram na sala dançando, podem querer sair dela do mesmo jeito.

Desmonte o círculo.

Uma cerimônia para alguém querendo reverter o padrão de tristeza que rodeia seu aniversário terá de ser um pouco diferente do descrito acima. Pede um local mais simples e poucos participantes, já que a ênfase será na mudança interior.

Entre no círculo e comece dirigindo-se aos seus pais, cujas fotografias podem estar no local. Se foram eles que originaram seus sentimentos, diga-lhes que não deseja mais prosseguir pela vida de forma a ser anualmente encoberto por essa tristeza.

Agora, dirija-se a "você" em anos anteriores. Comece colocando em volta do círculo cartões numerados, representando cada ano de sua vida. Acrescente a eles, quando apropriado, um símbolo para cada aniversário importante. Dirija-se a esses anos, se quiser. Deixe que a força para mudar flua por você. Deixe qualquer tristeza ou indiferença que rodeiem seu aniversário ir embora. Ande lentamente em volta do círculo, quantas vezes precisar, contemplando profundamente a sua vida.

Dar a si um presente, alguma coisa que realmente queira, mas não compraria em circunstâncias normais, é uma boa forma de declarar que se valoriza e que reconhece esse dia como especial.

Se quiser cantar alguma coisa antes de sair do círculo, cante. Isso pode começar a estabelecer o sentimento de celebração que você, agora, quer ter presente em seus aniversários.

Saia da sala.

Desfaça o círculo.

Preparação

Para a primeira versão desse ritual, faça um círculo com ênfase na beleza.

Se quiser, coloque os presentes e o bolo no círculo.

Tenha fósforos prontos para acender as velas.

Para a segunda versão, faça um círculo simples.

Tenha fotografias de seus pais, se quiser.

Coloque, em volta do círculo, cartões numerados para cada ano de sua vida e alguns símbolos que precisar para os anos especiais.

Prepare um presente para se dar.

Recapitulando

- Na primeira versão, ande ou dance pelo círculo com seus amigos.
- Fique no centro do círculo com todos a sua volta. Se quiser, fale alguma coisa para eles.
- Abra seus presentes e acenda as velas do bolo.
- Saia dançando e/ou cantando.
- Desfaça o círculo.
- Na segunda versão, entre no círculo. Dirija-se aos seus pais e àqueles anos que precisam de atenção especial.
- Dê a si mesmo o seu presente.
- Cante algo, se quiser.
- Saia do círculo e da sala.
- Desmonte o círculo.

Começando um projeto novo

Não importa o quanto nos consideremos racionais; secretamente, todos desejamos que a magia esteja viva e não muito distante, e que, se a chamarmos, ela nos dê uma calorosa resposta. Em momento algum esse desejo é mais ativo do que quando estamos começando um novo projeto. Juntando em um ritual toda a ajuda disponível, incluindo o encanto da boa sorte, nosso novo projeto receberá uma sensação de confiança que irá, a longo prazo, fazer dele um sucesso — fornecendo a direção em que o projeto estará a salvo.

O Ritual

Para essa cerimônia, todos aqueles que estiverem participando de um novo começo, de qualquer natureza, devem estar presentes. É a combinação de suas energias, entusiasmo e fé que irá trazer ao ritual, e depois ao projeto, a irresistível qualidade da certeza.

O círculo preparado deve ser festivo e, ao mesmo tempo, tão mágico quanto vocês se sintam bem em fazer. Quaisquer amuletos, encantos ou objetos de sorte que qualquer um de vocês possua pode ser juntado às flores ou pedras do círculo. Vocês poderiam pendurar, no alto, uma lua nova, ter a foto de um varredor de chaminé, desenhar um trevo de quatro folhas ou representar qualquer um dos tradicionais objetos portadores da boa sorte.

Coloquem, no centro do círculo, qualquer símbolo que considerem apropriado ao projeto. Pensem muito para escolher, porque deve ser uma inspiração para todos vocês, assim como o ponto focal e o fator de união. Ficar em pé, no centro, durante o ritual, irá mostrar todo o amor e energia que vocês podem dar.

Entrem no círculo e fiquem em pé, rodeando o símbolo. Esse é um ritual de grupo onde ninguém é líder; então, qualquer um pode falar em qualquer ordem. A primeira coisa a se estabelecer é a natureza do projeto, incluindo todas as expectativas e desejos que estão sendo colocados nele.

A próxima coisa a se afirmar é o que cada um de vocês está preparado para dar ao projeto, em termos de dinheiro, tempo e esforço. Ouvir esses compromissos — tanto os seus quanto o dos outros — feitos nesse lugar sagrado, fará com que eles adquiram um peso maior do que se fossem feitos de outra maneira.

Agora, chamem tudo o que, de alguma forma, puder ajudar no empreendimento. Saiam da posição em que se encontram e andem ao redor do círculo, um de cada vez, tocando em cada um dos encantos que tiverem sido nele colocados. Quem quiser dizer alguma coisa, diga. Alguém também pode querer fazer algum pedido especial ou potencializar um talismã ou símbolo com alguma afirmação positiva. A energia dos encantos da boa sorte irá unir o grupo e dar muita fé no sucesso do projeto.

Vocês podem terminar indo, cada um, para o centro do círculo e tocando em um pedaço de madeira que tenham colocado lá. Se parecer supersticioso demais, terminem a cerimônia curvando-se uns aos outros e ao símbolo do projeto. Vocês podem sentir-se dando um grito de vitória enquanto estiverem saindo.

Desfaçam o círculo.

Preparação

Façam um círculo muito festivo, contendo alguns amuletos, encantos e objetos de sorte de todos os participantes.

Coloque, no centro, um símbolo para o projeto e, se quiser, um pedaço de madeira.

Recapitulando

- Todos entram no círculo e ficam em pé em volta do símbolo para o projeto.
- Cada um diz as expectativas e desejos que estão colocando no projeto.
- Cada um diz o que está preparado para dar ao projeto.
- Cada um anda em volta do círculo, tocando os encantos e evocando sua ajuda.

- Cada um toca o pedaço de madeira que está no centro, se quiserem.
- Os participantes curvam-se uns aos outros, depois, ao símbolo do projeto e, em seguida, saem do círculo.
- Saiam da sala.
- Desfaçam o círculo.

Rituais para a Cura dos Chakras

Introdução aos Rituais

Como já vimos, os chakras e os corpos sutis são importantes para os rituais, pois testemunham o invisível assim como as influências deste em nossas vidas. Os chakras também nos trazem o entendimento do sistema de energia ao nosso redor. Até muito recentemente, o sistema de chakras era desconhecido no Ocidente; agora, está se tornando cada vez mais importante em trabalhos físicos, psicológicos e espirituais.

Para esse sistema funcionar com força total, ele precisa ter cada um de seus chakras trabalhando em harmonia, tanto individualmente quanto em grupo. No final desta seção há um ritual para corrigir uma ênfase exagerada na função do pensamento (chakra frontal). Usando-o como exemplo, rituais para outros possíveis desequilíbrios podem facilmente ser criados.

Nesta seção, cada ritual trata cada chakra individualmente, e a coisa mais importante a ser lembrada é que o sistema global como um todo e cada uma de suas partes está proximamente inter-relacionada com todas as outras. É vital, portanto, considerá-lo como uma entidade. Trabalhar com um chakra individual de uma maneira isolada pode levar a mais desequilíbrios dentro do sistema. Para reduzir os riscos, construa um cenário completo dos chakras simbólicos, que pode ficar no chão para todos estes rituais. Pode ser feito com almofadas, cada uma das quais deve ser etiquetada com o nome do chakra e receber a sua cor apropriada. Começando pela base do tronco e terminando no topo da cabeça, os nomes dos chakras são: básico ou da raiz, sacro, plexo solar, cardíaco, laríngeo, frontal e coronário. Suas cores seguem aquelas do arco-íris. Começando pelo chakra básico, elas são: vermelho, laranja, amarelo, verde, azul, índigo e violeta (veja ilustração).

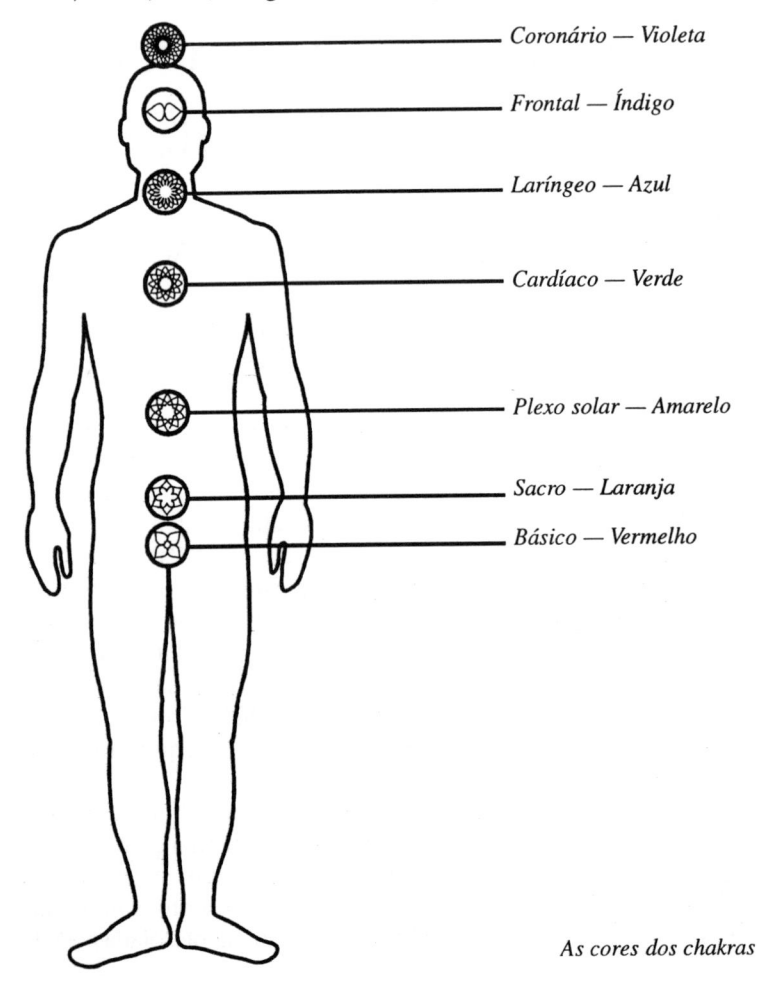

As cores dos chakras

Muitos outros chakras existem no corpo, mas para esses rituais nos limitamos aos sete maiores.

A menos que bloqueios entre eles tenham ocorrido por alguma razão, a energia deve estar fluindo livremente por todo o sistema, ligando e ativando os vários chakras. Para assegurar o máximo de clareza possível à passagem de energia, todo o trabalho dos chakras deve ser precedido pelo exercício da p. 161. Fazendo isso, você não apenas limpa o canal entre todos os seus chakras, mas também ajuda a estabelecer sua conexão com a Terra e o Céu.

Cada chakra é dotado de funções específicas e se desenvolve em uma idade em particular, começando pelo básico e subindo ao coronário. O mau funcionamento de um chakra costuma ser causado por seu desenvolvimento inadequado durante os anos específicos. Outra alternativa para o mau funcionamento pode ser seu presente estilo de vida. É importante diferenciar as duas causas antes de fazer qualquer um desses rituais.

As ligações entre alguns chakras deve ser cuidadosamente considerada antes de decidir quais deles precisam da cura ou da reativação oferecidas por esses rituais. Alguns deles estão tão proximamente unidos que nem sempre é evidente qual deles está com problemas. Às vezes, os dois "unidos" podem precisar, ambos, da cura. Para criar uma representação visual dessas energias intimamente ligadas, sugestões serão feitas posteriormente para conectar a almofada apropriada.

Como vimos, os chakras se desenvolvem em períodos claramente definidos de nossas vidas. Se uma pessoa sofrer um trauma ou uma doença, ou perder o amor e incentivo durante um desses períodos, o chakra que deveria estar se desenvolvendo não o fará da maneira apropriada. Uma revisão de nossa vida com esses períodos de desenvolvimento em mente é uma forma muito recompensadora de ganhar perseverança nas forças e fraquezas de cada chakra. Tente lembrar-se o máximo que puder de cada um desses períodos. O que estava acontecendo com você? Você passou por tristezas? Quais eram suas ambições e habilidades? Quais eram as expectativas que você tinha?

A idade para o desenvolvimento de cada chakra é a que se segue. Para o básico, até vinte anos atrás dizia-se que se desenvolvia entre o nascimento e os cinco anos, mas agora que as crianças estão crescendo mais rápido, a medida do tempo diminuiu para três anos. O sacro, agora, desenvolve-se entre os três e os oito anos; o plexo solar, entre oito e doze; o cardíaco, entre os doze e os quinze; e o laríngeo, entre os quinze e os dezoito. Como é possível os chakras frontal e coronário não se manifestarem, enquanto continuam permitindo que a pessoa leve uma vida social aceitável, nenhuma idade de desenvolvimento é dada para esses dois chakras; por outro lado, se trabalho suficiente for feito com eles, podem se tornar ativos em qualquer período da vida.

Abrindo e fechando os chakras

Quanto mais aberto e receptivo seus chakras estiverem, mais poderosos serão os efeitos de um ritual. Fazer o exercício a seguir antes de qualquer ritual de chakra irá assegurar a abertura desejada, mas lembre-se de fechá-los no final de cada cerimônia. Abertura se torna vulnerabilidade quando vai para a vida diária.

Em pé, ou sentado em uma cadeira com as costas retas, respire calma e profundamente por dois ou três minutos. Quando sentir-se calmo e centrado, tome consciência de seu chakra básico. Sinta sua qualidade terrena e estabilizante. Veja o profundo vermelho em que está banhado. Peça a ele para se desdobrar suavemente, pronto para receber o que lhe será dado pelo ritual. Então, vá para o chakra sacro com a sua calorosa cor laranja. Veja sua constante movimentação trabalhando em harmonia com o chakra da raiz.

E assim vá subindo pelo corpo, cada vez trazendo a próxima cor apropriada e ligando o trabalhado aos seguintes. Desse jeito, todo o seu corpo se tornará um mediador entre o Céu e a Terra: os chakras inferiores o enraizam no planeta e os superiores tornam disponível para você o máximo do mundo espiritual que estiver pronto a contatar. O chakra central, o do coração, irá unir os três inferiores aos três superiores.

No fechamento do ritual, o mesmo exercício de abertura deve ser repetido na ordem inversa, começando pelo coronário e terminando no básico e, à medida que for descendo, coloque uma cruz circulada por luz em cada chakra.

Envolva-se em um manto de luz com um capuz cobrindo-lhe a cabeça.

Cura para os chakras

As funções a seguir são freqüentemente atribuídas aos chakras e formam a base dos sete rituais desta seção.

Mediante a abertura do chakra básico experimentamos nossa ligação com a Terra, nosso desejo de estarmos encarnados; sua energia bruta nos dá a sensação de autopreservação e o desejo de "levantar e seguir em frente".

O chakra sacro é relacionado com a criatividade em sua compreensão maior, incluindo a sexualidade. Mantém estreita correspondência com o chakra laríngeo, pelo qual a criatividade, em qualquer nível, pode ser expressada. Um relacionamento incompleto entre esses dois chakras pode levar a uma imensa frustração e perda.

No plexo solar mora nossa identidade, nosso pequeno ego. A menos que seja permitido que ele se desenvolva no período apropriado de nossa infância, imensas dificuldades serão tidas como resultado. Isso irá agitar incontrolavelmente todo o nosso sistema, que ficará subjugado a suas demandas irracionais. Se inadequadamente desenvolvido, o plexo solar também será incapaz de expandir-se e unir-se com o ser transpessoal, no chakra frontal, com o qual deve ficar intimamente ligado. É no plexo solar que nasce a nossa capacidade física. Se essa capacidade crescer e, com o tempo, também for destinada ao uso espiritual, será necessário aprender a trabalhar com o chakra frontal, onde a força de vontade pode se tornar dedicada a servir.

O chakra cardíaco, como centro mediador entre os três inferiores e os três superiores, é vital para o bem-estar do todo o ser. Se novas energias estiverem para entrar sem causar grande dor, possível doença e até morte, devemos fazer todo o possível para assegurar que esteja em bom funcionamento. Quando um sofrimento agudo tiver ocorrido na vida da pessoa, especialmente na infância, o chakra cardíaco costuma ser prejudicado ou deliberadamente fechado — o que é desastroso para todo o sistema. O último objetivo do cardíaco é transformar o amor e a afeição pessoal em amor incondicional para todas as criações.

Práticas de Magia

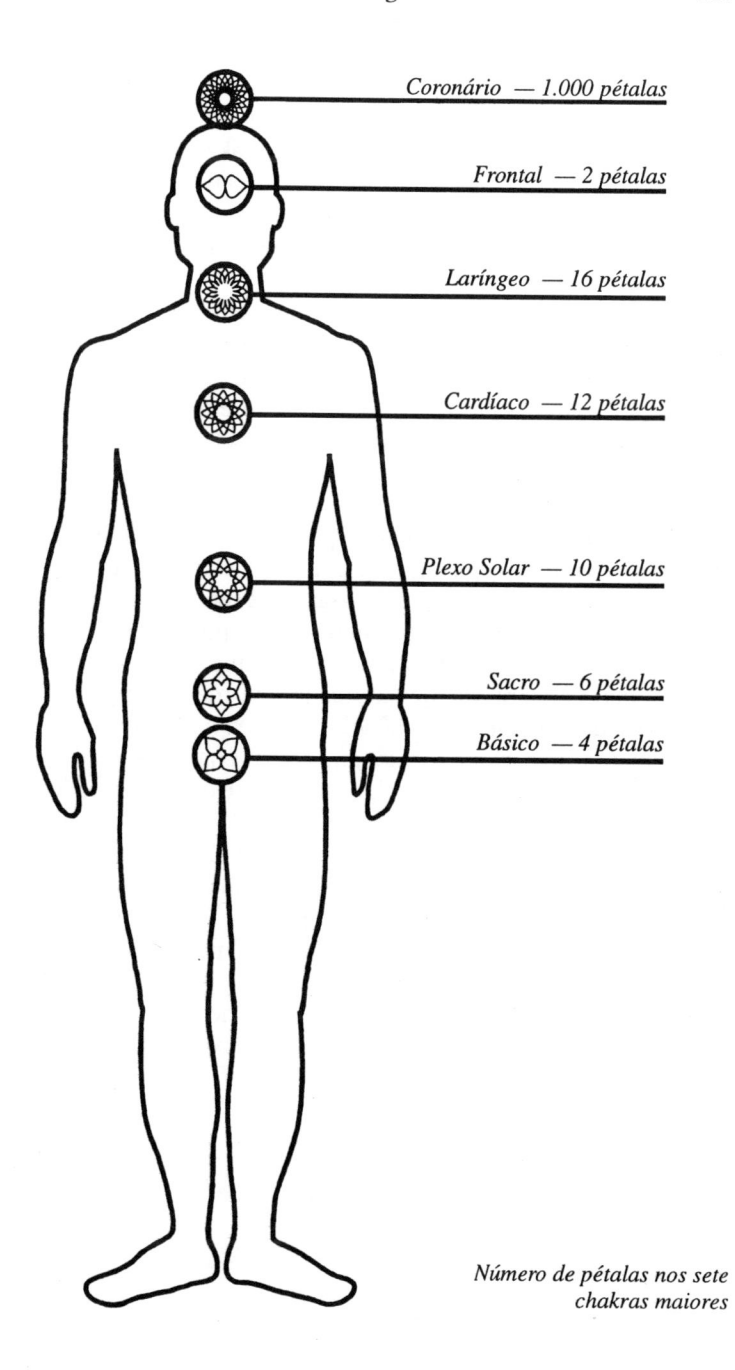

Coronário — 1.000 pétalas

Frontal — 2 pétalas

Laríngeo — 16 pétalas

Cardíaco — 12 pétalas

Plexo Solar — 10 pétalas

Sacro — 6 pétalas

Básico — 4 pétalas

Número de pétalas nos sete chakras maiores

Nosso chakra laríngeo expressa nossa criatividade de todos os tipos. Para funcionar bem, nossas habilidades, embora simples, devem receber permissão para se manifestar. Um chakra laríngeo bloqueado é fonte de enorme frustração e raiva, enquanto o seu fluxo suave pode gerar muita alegria. Aqui, de novo, como quando o plexo solar se junta ao frontal, se o sacro se ligar ao laríngeo as energias podem passar do pessoal para o transpessoal.

Clareza, conhecimento e sabedoria encontram sua casa no chakra frontal. Ele trata também com os níveis superiores de intuição e todas as atividades da mente. Se aliado ao laríngeo, faz nascer a sabedoria. É importante, aqui, fazer uma diferenciação entre o chakra frontal e o "terceiro olho", que fica acima do chakra frontal e não faz parte do sistema dos chakras maiores, sendo, primariamente, ligado a poderes físicos.

O chakra coronário é o centro pelo qual nosso Eu Superior tem acesso aos mundos espirituais e, por ser o chakra mais sensível e complexo, deve ser tratado com grande reverência. Conhecido no Oriente como o "lótus de mil pétalas", é o pólo oposto do chakra básico, cuja composição é extremamente simples. Do básico ao coronário, cada chakra vai ficando cada vez mais complexo e suas vibrações adquirem uma freqüência cada vez mais elevada.

Quando em perfeito funcionamento, os chakras tornam-se leves e uniformes. Com exceção dos chakras básico e coronário, todos ficam horizontalmente em nosso corpo: os talos de frente para as nossas costas e as pétalas voltadas para a nossa frente. As pétalas do chakra básico, por sua vez, são viradas para baixo, enfatizando nossa condição de seres da Terra, enquanto as do coronário ficam voltadas para o alto, para os mundos superiores, aos quais pertencemos.

Nunca é demais enfatizar que em todo o trabalho com os chakras, o objetivo não é apenas melhorar a saúde de cada um deles, mas também o harmonioso funcionamento de uns com os outros.

O chakra básico

Muitas pessoas que se queixam de uma contínua falta de energia são vítimas de um chakra básico com pouca atividade. O disco, que deveria estar em constante movimento, puxando energia e mandando-a para a coluna vertebral para alimentar todos os outros chakras, é tão letárgica como a pessoa se sente. Quando estiver trabalhando nesse problema, lembre-se de que essa energia está livremente disponível para nós, bastando apenas que aprendamos a utilizá-la.

Outro papel importante do chakra básico é manter nosso senso de autopreservação. Pessoas que tentaram suicídio ou que são seriamente propensas a acidentes porque atribuem pouca importância para suas próprias vidas, precisam fortalecer essa parte delas. É por meio do chakra básico que somos ligados tanto à raça humana como à linha de todas as nossas outras vidas, passadas e futuras. Recusar-se a reconhecer essas ligações é perder muito de sua encarnação. Aqueles que se sentem parte de um todo, que apóiam a si e aos outros, não precisam mais optar por viver consciente ou inconscientemente.

Muitas pessoas cujo chakra básico é defeituoso irão, por uma razão ou por outra, experimentar dificuldades de encarnação (nos rituais de encarnação descritos nas pp. 78 e 84, muitas razões são sugeridas para esclarecer o motivo pelo qual a encarnação completa parece difícil e perigosa para tais pessoas). As pessoas que têm sido relutantes em fazer parte da vida da Terra, quase seguramente têm o chakra básico pouco desenvolvido e com uma coloração rosa-pálido, em vez do rico vermelho; nelas, o sacro e o plexo solar, provavelmente, terão ligações muito tênues com o básico. Estabelecer uma grande fundação ou enraizamento no elemento Terra é a melhor maneira de combater essa condição.

Quando estiver questionando o período de desenvolvimento do seu chakra básico (do nascimento até os cinco ou do nascimento até os três, dependendo de quando nasceu, veja p. 159) seja, principalmente, dependente das lembranças que outras pessoas têm de você; contudo, olhar atentamente fotografias de si mesmo irá dar dicas muito importantes. Também pode ser de grande ajuda rever as condições em que sua família se encontrava durante esses anos. Uma situação dramática mas esclarecedora seria, por exemplo, se sua mãe tivesse morrido em seu nascimento. Seu principal ponto de ligação com a raça humana lhe teria sido tirado, e sua nutrição, substituída. Você teria experimentado tristeza por todos os lados — seu mundo teria sido, de fato, um lugar nada agradável. Em vez de sua mãe ter contribuído para a formação de seu primeiro chakra, sua morte pode, facilmente, tê-lo direcionado quase inteiramente para fora de seu corpo. Se, pelo contrário, você nasceu em uma família calorosa e feliz que demonstrou sinais de alegria com a sua chegada, seu chakra básico pode ser tão bem fundamentado que depois, se algum outro chakra não tiver um desenvolvimento satisfatório, acertá-lo será, comparativamente falando, bem mais fácil.

O Ritual

Comece esse ritual, e todos os outros neste capítulo, formando no chão, com o auxílio de almofadas, o sistema dos chakras completo, para estabelecer um conceito visual dessa vívida inter-relação. Uma fraqueza ou superdesenvolvimento de um chakra pode criar desarmonia em todos eles.

Abaixo das sete almofadas, forme um semicírculo de pedras grandes representando a Terra, dentro do qual o chakra básico deve sentir-se totalmente em casa. De cada lado desse semicírculo, coloque uma linha horizontal de pequenas pedras para denotar a humanidade, à qual você também está ligado; e acima do chakra coronário, coloque um símbolo para o Sol e para a Lua.

Descalço, sobre a almofada que representa o seu chakra básico, sinta todas as ligações que existem — ou deveriam existir — entre esse chakra, todo o seu corpo, a Terra e a humanidade. Você perceberá muito rapidamente a importância da posição desse chakra. Comece respirando e levando para ele uma profunda cor vermelha. A cada inspiração, busque fazer com que o disco de seu chakra básico gire continuamente, na velocidade que lhe for confortável. Ao sentir a energia entrando em ondas ritmadas, faça uma ligação com seus outros seis chakras e se exercite enviando energia para cima e para baixo em sua coluna vertebral — suavemente, para não desequilibrar nenhum dos outros chakras. Termine com a energia descendo. Alimente sua

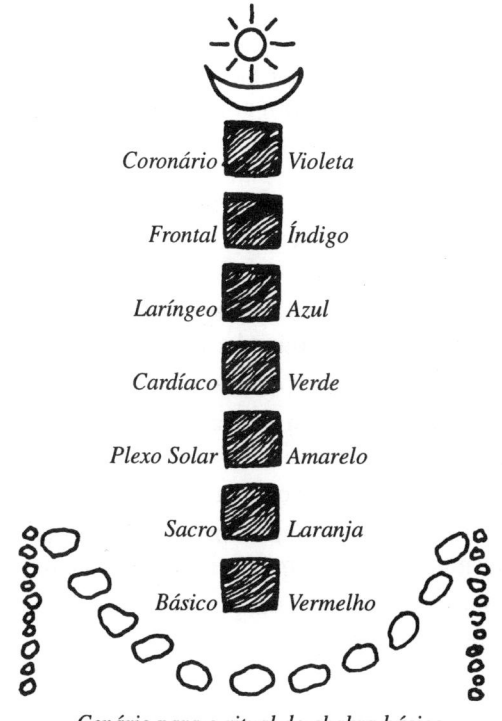

Coronário	Violeta
Frontal	Índigo
Laríngeo	Azul
Cardíaco	Verde
Plexo Solar	Amarelo
Sacro	Laranja
Básico	Vermelho

Cenário para o ritual do chakra básico

raiz com qualquer coisa que sinta estar faltando: coragem, força, vontade de viver.

Quando tiver feito tudo o que puder pelo momento, feche os chakras, começando pelo coronário. Para isso, imagine-os como flores, com muitas pétalas que vão se dobrando gradualmente para dentro, embora nunca tomem a forma de botões apertados. Sobre cada um deles, faça o sinal da cruz dentro de um círculo de luz; isso irá assegurar que estão protegidos e que, quando você sair pelo mundo, não estará excessivamente vulnerável a influências externas.

Preparação

Arrume no chão sete almofadas representando os seus sete chakras.

Faça um semicírculo de pedras abaixo da almofada inferior. De cada lado do semicírculo, coloque duas linhas horizontais, de pequenas pedras, para denotar humanidade.

Acima do chakra coronário, coloque um símbolo para o Sol e outro para a Lua.

Recapitulando

- Fique no chakra básico e sinta as ligações dele com o seu corpo, com a Terra e com a humanidade.
- Respire, preenchendo-o com uma profunda luz vermelha.
- Em cada inspiração, veja o disco do seu chakra básico rodando em um ritmo agradável.
- Ligue o chakra básico aos outros seis chakras.
- Mande a energia para cima e para baixo da sua coluna vertebral, terminando com um movimento para baixo.
- Alimente sua raiz com qualquer coisa que estiver faltando.
- Feche todos os chakras.
- Saia da sala.
- Desmonte o ritual.

O chakra sacro

A cor desse segundo chakra, o sacro, é laranja e está principalmente relacionado à criatividade e sexualidade. Ambos devem ser vistos como grandes áreas cercadas: criatividade inclui toda atividade que contribui com alguma coisa positiva ao universo; sexualidade engloba tudo de um relacionamento íntimo.

A maioria dos problemas contemporâneos surge dos desequilíbrios no chakra sacro, individual ou coletivo, o que, por sua vez, afeta o chakra laríngeo, que não pode expressar-se quando o sacro não está trabalhando bem. Prova de seu desequilíbrio fundamental pode ser visto na violenta frustração e raiva que se encontram à nossa volta.

O período de desenvolvimento desse chakra é entre os três e os oito, ou entre os cinco e os oito anos, dependendo da idade em que o desenvolvimento chakra básico foi completado (p. 159).

Quando estiver revendo aqueles anos de sua vida em que o seu chakra sacro foi formado, relacione o seu crescimento a um contexto maior. O impacto da Segunda Guerra Mundial em uma criança, por exemplo, foi enorme e pode ter influenciado de muitas formas nas forças e fraquezas do seu chakra sacro. Inclua nessa revisão considerações particulares, tais como os sentimentos que, naquela idade, você tinha sobre a sua própria criatividade. A sua criatividade era desconsiderada, permitida ou ativamente incentivada por sua família e professores? Você tinha voz ativa em assuntos como a decoração do seu quarto ou a escolha do material escolar? As coisas que faziam "seu coração cantar" eram levadas a sério? Explore também as origens da sua atitude em relação à própria sexualidade. Sexo era um assunto proibido, alvo de piadas, ou algo natural e divertido? Que mensagem foi transmitida pelos seus pais, pelo relacionamento deles? Se eles se divorciaram durante esse período da sua vida, como isso afetou seus sentimentos em relação a casamento e à possibilidade de uma associação feliz e criativa entre duas pessoas? Tente seguir essas questões pelo resto de sua vida para ganhar maior perspicácia em seu crescimento e também a cura de que o seu chakra sacro necessita.

O Ritual

Faça os preparativos para esse ritual como foi descrito no ritual para o chakra básico. Então, ligue o chakra sacro ao laríngeo por dois grandes pedaços de lã, um de cada lado do corpo representado pelas almofadas (cada pedaço de lã deve ser um entrelaçamento de fios nas cores laranja e azul, para que se associem às cores de cada um dos chakras em questão). Ao fazer isso, contorne os chakras cardíaco e o plexo solar e perceba que todo o trabalho feito no chakra sacro irá ajudar, muito especificamente, o laríngeo.

Do outro lado do chakra sacro, coloque dois símbolos: um para representar o que já foi alcançado por esse chakra e o outro para expressar seus futuros desejos para ele.

Dê uma atenção considerável ao terceiro símbolo: ele irá denotar o relacionamento já criado entre seu chakra sacro e o mundo exterior. É o seu senso de identidade pela criatividade e sexualidade que está sendo descrito aqui. Coloque esse símbolo em qualquer lugar da sala que achar mais apropriado.

Descalço, em sua almofada laranja, traga junto toda as partes feridas e inadequadas de seu chakra sacro e banhe-as com uma bonita e forte luz laranja, pedindo para que sejam fortalecidas e integradas ao todo.

Após expressar gratidão pelos frutos desse chakra, assegure-lhe que você se tornou mais consciente de suas necessidades e dará o melhor de si, de agora em diante, para desbloqueá-lo, liberá-lo ou desembaraçá-lo, qualquer que seja a sua necessidade.

Termine fechando todos os seus chakras, visualizando um manto de luz ao seu redor.

Saia da sala e desfaça o ritual.

Preparação

Arrume o seu sistema da chakras como já orientado.

Ligue o chakra sacro ao laríngeo com dois pedaços de lã, entrelaçando um de cada lado das almofadas.

Coloque um símbolo de cada lado do sacro, para representar as conquistas desse chakra e seus desejos para ele.

Coloque, em algum lugar da sala, um símbolo para representar o relacionamento do sacro com o mundo exterior.

Recapitulando

- Fique descalço na almofada que representa o seu chakra sacro.
- Banhe as partes feridas desse chakra com uma bonita luz laranja.
- Expresse sua gratidão pelos frutos desse chakra.
- Reafirme isso.
- Feche todos os chakras.
- Desenhe um manto de luz ao seu redor.
- Saia da sala.
- Desfaça o ritual.

O chakra do plexo solar

Comece como de costume, arrumando no chão todo o seu sistema de chakras com as almofadas. Então, da mesma forma como já ligou o chakra sacro ao chakra laríngeo, una o seu plexo solar ao chakra frontal com dois pedaços de lã — amarelo e índigo, entrelaçados. Tenha o cuidado de separar o cardíaco e o laríngeo.

A ligação desses chakras define dois dos potenciais mais importantes do plexo solar: primeiro, é ele se tornar tão claro e significativo que o seu chakra frontal possa funcionar transpessoalmente, ou seja, organizado a partir dos preconceitos e ansiedades da personalidade; e segundo, é que, mediante o treino e a dedicação você possa puxar do plexo solar os rudimentos de sua capacidade física, que podem tornar-se uma intuição transcendente manifestando os ensinamentos do seu Eu Superior.

O plexo solar, que tem uma calorosa e dourada cor amarela, é a sede da nossa vontade e das nossas emoções. Elas podem se expressar com clareza ou experimentar um confuso obscurecimento. É interessante perceber quantas expressões populares reconhecem o caos criado por um confuso plexo solar — "frio no estômago" é uma delas.

Para ajudá-lo a entender quaisquer problemas relacionados ao seu plexo solar, veja o que estava acontecendo em sua vida entre os oito e os doze anos. Quais oportunidades teve para manifestar sua vontade? Precisou se afirmar agressivamente para conseguir o que queria? Pode, gradualmente, assumir seu poder na escola ou em casa? Durante esses anos você tinha consciência da sua intuição e capacidade física? Se sim, elas eram incentivadas ou reprimidas? Ou você as escondeu tão bem que agora é difícil esses talentos aparecerem? Em que condições emocionais você estava vivendo?

À medida que surgirem respostas para essas perguntas, escreva-as em cartões e coloque-os em volta da almofada que representa o plexo solar. Agora, responda em cartões adicionais o seguinte grupo de questões sobre relacionamentos, que é a principal preocupação do plexo solar. Qual o padrão geral de seus relacionamentos? Você ameaça as pessoas ou tenta controlá-las? Podem fazer com que você se sinta facilmente culpado ou errado? Suas amizades são duradouras?

Durante encontros formais, você se senta e fica quieto ou toma a liderança? Você vai a festas de maneira confiante? Pode ser que existam outras questões que queira explorar.

Agora, pegue alguns cartões a mais e anote neles as emoções que o impulsionam, quer sejam positivas ou negativas. Formando vários padrões com esses cartões, tente estabelecer que a reprodução do seu quadro emocional seja forte a ponto de mantê-lo atento aos padrões recorrentes trazidos por essas emoções. Coloque esses cartões também ao lado da almofada.

O Ritual

Descalço, fique em pé na almofada que representa o plexo solar e peça, outra e outra vez, para que a sua clareza de vontade e de emoções se tornem cada vez mais fortes, de forma que você, mais do que seu plexo solar, comande sua vida.

Termine o ritual como terminou os outros.

Preparação

Arrume as sete almofadas.

Ligue o plexo solar ao chakra frontal com fios de lã amarela e índigo, entrelaçados.

Escreva, em cartões, as respostas para as questões dadas nesse capítulo.

Recapitulando

- Fique descalço na almofada que representa o seu plexo solar.
- Peça por clareza de vontade e de emoções.
- Termine o ritual como os anteriores.

O chakra cardíaco

É no chakra cardíaco que experimentamos todas as trocas do amor. Diferente de qualquer outro chakra, diz-se que é subdividido: uma parte expressa nosso amor pessoal, enquanto a outra aspira a um dos mais difíceis conceitos, o do amor incondicional. Se sentir que essa subdivisão é muito complicada para o momento, deixe a almofada que representa o seu chakra cardíaco como está. Mas se quiser comunicar essa idéia, coloque outra almofada acima da já existente; isso irá mostrar-lhe, simbolicamente, que o amor incondicional, que não tem determinações e não exige trocas, reside na espiral acima daquela do nosso amor pessoal.

A cor atribuída ao cardíaco é um verde suave, sem adições de amarelo nem de azul. É a cor central do arco-íris, assim como o cardíaco é o chakra central no corpo humano. Esteja muito consciente disso ao considerar sua importância e seu papel. Se, em algum momento, ele começar a ficar congelado pelo medo ou dor, pode criar um assolamento de todo o sistema e, nesse caso, um trabalho muito intenso será necessário para libertar essa força vital.

O cardíaco é o mediador entre o que conhecemos como os três chakras "inferiores" e os três "superiores". Esses termos não denotam, no entanto, qualquer julgamento qualitativo. Os chakras "superiores" não são, de forma alguma, superiores aos "inferiores": ambos são igualmente necessários. Contudo, mal-entendidos levaram muitos buscadores do caminho espiritual a desenvolver excessivamente os chakras laríngeo, frontal e coronário em detrimento dos chakras básico, sacro e plexo solar — e como resultado, suas vidas tornaram-se completamente desequilibradas. O que até poderia ser discutido é que o oposto é verdadeiro: quanto mais harmoniosamente os chakras "inferiores" estiverem trabalhando, melhores serão as conquistas possíveis aos chakras "superiores".

Antes de fazer qualquer trabalho no chakra cardíaco, passe pelo mesmo exercício que serve para os outros chakras: rever sua vida durante sua fase de desenvolvimento do mesmo — nesse caso, entre os doze e os quinze anos. Foram anos em que você pôde dar e receber amor? Você era incentivado a dedicar-se idealisticamente a alguma causa? O amor a Deus foi parte do seu desenvolvimento? Você aprendeu a cuidar dos animais? Tente ver imparcialmente as bases em que você estava assentado naquele momento. Muitas pessoas já foram profundamente quebradas e tiradas do centro aos doze anos. Eventos subseqüentes mudaram a qualidade da energia que flui pelo seu coração?

Quando tiver se lembrado do máximo que puder sobre esse três importantes anos, escreva em cartões os fatores relevantes e coloque-os ao lado de uma de suas almofadas do cardíaco. Então, escreva em cartões adicionais as ligações do seu coração com o mundo. Ao fazer isso, analise, escrupulosamente, se o seu amor por esses indivíduos, grupos e idéias está preso a julgamentos ou amarras. "Eu os amaria se..." é um sinal certo de que — no presente, de qualquer maneira — seu amor não se qualifica como incondicional.

Quando esse mapa em particular de sua vida for colocado a sua frente, considere quais as mudanças precisam ser feitas, tanto para os seus relacionamentos individuais ou para seu chakra cardíaco em si. Também verifique se as ligações com os outros chakras são satisfatórias ou se há impedimentos para um livre fluxo entre eles. Alguma linha doente que demarca esses chakras causa a confusão de energias? Você pode ver através desse padrão quão prejudicial são a dor e a tristeza para o coração? E quão benéficos são o perdão e a liberação?

O Ritual

Quando seus cartões estiverem todos no lugar, fique descalço na almofada que representa o seu chakra cardíaco e banhe seu coração em uma bela e calma luz verde.

Termine o ritual como os outros.

Preparação

Arrume as almofadas.

Se se sentir pronto, coloque outra almofada sobre a já existente, que representa o seu chakra cardíaco, para representar o centro do amor incondicional.

Considere os anos de desenvolvimento do seu chakra cardíaco.

Escreva, em cartões, as respostas às várias questões expostas e coloque-os ao lado da almofada apropriada.

Faça o mesmo para suas conexões do chakra cardíaco com o mundo.

Verifique as ligações e linhas de demarcação entre o cardíaco e os outros chakras.

Recapitulando

- Fique na almofada que representa o seu chakra cardíaco e banhe seu coração em luz verde.
- Termine o ritual como os anteriores.

O chakra laríngeo

Como vimos, o chakra laríngeo é tão proximamente ligado ao sacro que, para trabalharem com seu pleno potencial, devem estar funcionando bem, não apenas sozinhos, mas também em conjunto. Outro pré-requisito para essa associação bem-sucedida é que o chakra cardíaco deve estar aberto para permitir um fluxo de energia através dele, de um para o outro.

A cor do laríngeo é azul puro, nem para o verde nem para o roxo.

Esse centro desenvolve-se entre as idades de quinze e dezoito anos. Se o progresso dos chakras tiver sido bom até então, aos quinze anos a criatividade do sacro começará a expressar-se naturalmente, na forma que for mais apropriada para a pessoa. As primeiras aspirações espirituais também irão começar a se formar nesse momento, porque o laríngeo é o chakra da expansão.

Ao rever sua vida entre os quinze e os dezoito anos, dê especial atenção à ajuda que o seu lado criativo recebeu naquele momento. Sua família permitia e/ou incentivava que você fosse ouvido? O início desse você transpessoal foi tratado com seriedade? Alguma coisa ou alguém esmagou esse chakra embrionário de forma que seu desenvolvimento tivesse de ser adiado? Se não estiver funcionando completamente no presente, quais são suas necessidades?

Lembre-se de que, se essa ferramenta de auto-expressão não tiver se tornado um instrumento bem sintonizado, nenhuma quantia de criatividade latente lhe servirá porque não terá meios de atingir o mundo exterior. Escreva em cartões as respostas às questões que se seguem. Você se comunica bem através da palavra falada, cantada ou escrita? E sobre a linguagem corporal, telepatia e direção? Você pode expressar suas emoções e pensamentos claramente?

Olhe também para as doenças, se for o caso, que atacaram a sua garganta. Você precisou ter as amígdalas retiradas? Costuma sofrer com garganta inflamada ou irritada? Costuma perder a voz? Se sim, em quais ocasiões? Quando você precisa expressar algo desagradável ou difícil? Sua garganta se aperta durante discussões? Falta de ar o impede de falar? Interprete esses sintomas externos o mais simbolicamente possível.

Quanto mais sua vida incluir meditação, cura e toda forma de comunicação que vá além da palavra escrita e falada, mais ampla deverá ser a área envolvida em suas respostas. Não se preocupe em "pensar grande". Quanto mais consciente estiver de influenciar e ser influenciado por um amplo espectro de idéias e pessoas, mais rapidamente você crescerá. Mas, igualmente, não desconsidere o fato de que, no momento, há muito medo e negatividade à nossa volta. Quanto mais sensível ao crescimento se tornar, mais precisará aprender a proteger-se contra essas influências prejudiciais. À medida que seu chakra laríngeo ganhar poder, você também deve adquirir a autodisciplina de proteger os outros daqueles gestos, pausas ou silêncios com os quais espera aliviar-se quando não pode fazê-lo clara e diretamente.

O Ritual

Quando tiver formado o mapa do seu chakra laríngeo, fique descalço na almofada que o representa e envie cura e luz para todas as coisas com as quais está em contato por meio dele.

Emita a nota que achar que sua garganta pode, ou deve, emitir ao mundo.

Termine o ritual como os outros.

Preparação

Considere sua vida durante o período entre os quinze e os dezoito anos.

Escreva, em cartões, as respostas para as perguntas sobre esse período.

Escreva as palavras-chave a respeito de como a sua criatividade é manifestada.

Escreva as palavras-chave para os sintomas físicos do seu chakra laríngeo.

Recapitulando

- Fique descalço na almofada que representa o seu chakra laríngeo e envie luz e cura para tudo com o que está em contato por meio dele.
- Diga o que quiser.
- Termine esse ritual como os outros.

O chakra Frontal

A cor do chakra frontal é índigo, aquela cor bonita, misteriosa, que fica entre o azul e o roxo. Essa é a cor do pensamento puro e daquele desejo de não-apego que, embora profundamente envolvido, volta atrás e avalia imparcialmente. É no chakra frontal que aquilo que irá nascer no plexo solar pode transcender o pessoal e tornar-se transpessoal, trazendo aquelas idéias ligadas pelo Eu Superior.

Como esse chakra freqüentemente permanece adormecido, não há idade de desenvolvimento designada a ele. Em uma vida onde as considerações materiais recebem prioridade sobre a mente e a alma, este chakra permanecerá sem expressão e sua inatividade condenará também o chakra coronário a permanecer adormecido. Sua evolução pode, no entanto, ocorrer em qualquer momento, quando você estiver pronto.

Explorando seu chakra frontal, diferencie claramente o seu intelecto e a sua mente. O intelecto é essa seção limitada da inteligência que age em níveis práticos por meio de fatos e figuras, enquanto a mente — relacionada ao chakra frontal — é muito maior. Quando trabalhando em cooperaração com a alma, a mente pode nos ligar ao Criador e ao Universo — não como um místico, que chegaria a tal ligação por meio do chakra coronário, mas como uma pessoa que expande a consciência. A mente é o que nos faz saber.

Se, além da ativação do chakra frontal, nossos centros cardíaco e frontal agirem juntos com poder e harmonia, nosso entendimento e sabedoria crescerão em grande profundidade.

Quando avaliando o estado e necessidade de seu chakra frontal, tente definir qual incentivo foi recebido de você e dos outros. Foi considerado importante? Sua existência foi reconhecida? Seus estudos foram direcionados a expandir ou contrair seu frontal? Você agora pensa em si mesmo como alguém cuja mente e alma têm valor? Sua mente e sua criatividade trabalham bem juntas? Considere cuidadosamente de que forma pode ajudar seu chakra frontal a ser nutrido por seus chakras inferiores de uma maneira mais satisfatória.

Comprometer-se a explorar o chakra frontal é um passo decisivo; não é para ser feito rapidamente. Se é o momento certo para a exploração, também é necessário dar um passo.

Quando for escrever nos cartões as respostas para todos esses assuntos e para muitos outros que possa querer considerar, tente pensar o mais expansiva e universalmente possível. O chakra frontal está profundamente ligado com a expansão e a transformação. Restringir isso, é matá-lo.

O Ritual

Fique descalço na almofada que representa o seu chakra frontal e alimente-o com toda a claridade que puder juntar. Se esse chakra já estiver ativo em você, imagine bonitas ondas da cor índigo sendo enviadas por ele para um campo muito maior.
Termine o ritual como os outros.

Preparação

Diferencie o intelecto e a mente.
Defina a importância que você e os outros deram ao chakra frontal.
Considere o papel dos chakras inferiores na expansão dele.
Considere seu compromisso com o chakra frontal e seu relacionamento com assuntos sagrados.
Coloque, na almofada que representa o frontal, os cartões em que escreveu palavras-chave para todos esses assuntos.

Recapitulando

- Fique descalço na almofada que representa o seu chakra frontal e alimente-o com toda a claridade que puder convocar.
- Se esse chakra estiver ativo em você, envie ondas da cor índigo a partir dele.
- Termine esse ritual como os outros.

O chakra coronário

A cor do chakra coronário, o "lótus de mil pétalas", é um púrpura real; as vibrações dele são as mais altas que os seres humanos podem, no momento, perceber. É o chakra do espírito, representa a nossa ligação direta com os mundos superiores. Esse chakra permanece não desenvolvido até mais freqüentemente que o frontal. Para aqueles que são "chamados" ao crescimento espiritual, no entanto, sua expansão é crucial. Dentro do coronário estão refletidos os outros seis centros; portanto, antes de abrir-se à vida, seus desequilíbrios devem ser, ao menos em parte, resolvidos.

Quando estiver considerando a condição desse chakra, pense, primeiro, em sua primeira infância. Você estava tão envolvido com os outros mundos que os considerava garantidos? Fadas e espíritos naturais eram, naquele momento, mais reais — possivelmente preferíveis — do que o mundo de todo dia? Você, como adolescente, teve momentos de total "conhecimento" que moldaram toda a sua vida? (Embora o chakra coronário não possa se desenvolver durante a infância e adolescência, ele já existe em forma embrionária, de forma que rituais como o batismo podem abri-lo para tais experiências.) Caso aqueles momentos de "conhecimento" não tenham sido pisoteados pela dúvida pessoal ou pela ridicularização dos outros, eles estão prontos, agora, para serem os blocos de construção do seu chakra coronário? Tudo o que, naquele momento, você não podia expressar porque seus chakras laríngeo e frontal estavam silenciosos, pode, agora, tornar-se fator significativo em seu desenvolvimento.

Por outro lado, pode ter sido muito tarde na vida que você tenha tido sua primeira intuição ou alterado o estado de consciência ou feito contato com seus guias ou outros seres. Você, por exemplo, conheceu experiências místicas de sentir-se unido a toda a criação? Se sim, em que tipo de clima psicológico vivia no momento? Isso fez você reprimir esses momentos a ponto de nunca ter falado deles ou tentado relembrá-los? Ou interesses e considerações mais urgentes fizeram com que você os colocasse de lado? Embora negligenciadas, essas experiências, no entanto, estabeleceram o clima em que seu chakra coronário pode, agora, crescer.

Escreva em cartões as respostas que puder para essas questões e, então, coloque-os em volta da almofada que representa o seu chakra coronário.

O Ritual

Fique descalço na almofada que representa o seu chakra coronário e declare abertamente quais ligações você gostaria de ter com os assuntos espirituais. Abra-se aos mundos superiores. Se se sentir preparado, dedique-se a eles.

Termine o ritual como os outros.

Preparação

Reveja os elementos que podem servir de blocos de construção para o seu chakra coronário.

Considere sua resposta a eles também.

Coloque na almofada que representa o chakra coronário os cartões em que anotou sua auto-avaliação.

Recapitulando

- Fique descalço na almofada que representa o seu chakra coronário e declare as ligações que deseja ter com assuntos espirituais.
- Abra-se aos mundos superiores e dedique-se a eles, se desejar.

O mapeamento do seu sistema de chakras

Se você esteve trabalhando com seus chakras sistematicamente, do básico ao coronário, agora seria o momento ideal para dar uma boa olhada no mapa do seu sistema de chakras. Veja como cada um deles é dependente de todos os outros. Perceba a progressão de suas cores, cada uma subindo de freqüência. Observe, novamente, a importância do cardíaco como centro e mediador. Pense profundamente sobre a ligação entre o sacro e o laríngeo, e entre o plexo solar e o frontal. Se já tiver averiguado quais de seus chakras precisam de mais atenção, considere isso agora, lembrando-se de que o trabalho de um chakra individual deve sempre ser integrado ao todo, de outra forma novos desequilíbrios serão criados.

Agora, pegue uma grande folha de papel, ponha a data e copie nela seu sistema de chakras, certificando-se de identificar todos os seus símbolos e cartões muito claramente. Se, mais tarde, repetir esses rituais, este esboço será de uma ajuda inestimável para mostrar que mudanças aconteceram e o que continua precisando ser feito.

Envie cura e amor para toda a figura do seu sistema de chakras, mantendo uma forte sensação de equilíbrio entre as várias partes.

Ao retirar as almofadas que o ajudaram a construir o seu sistema de chakras, certifique-se de tê-las desvinculado do papel que desempenharam e passe a vê-las, novamente, como simples almofadas.

Corrigindo chakras desequilibrados — 1

Este ritual e o seguinte são destinados a corrigir os problemas que surgem quando o sistema de chakras está fora de equilíbrio. Usando estes dois exemplos, outros rituais para problemas específicos dessa natureza podem ser facilmente criados.

O primeiro ritual é para aqueles que vivem, predominantemente, em um nível mental e tendem a menosprezar, ou melhor, a desconsiderar seus corpos. Ignorando amplamente seus três chakras inferiores, eles perdem contato com a Terra e tornam-se cada vez mais desequilibrados internamente. Em algum ponto de suas vidas, esse peso costuma tornar-se intolerável, mesmo que apenas por questões de saúde.

Diversas razões levam as pessoas a viverem "dentro da cabeça"; o treinamento profissional é a mais comum, pois as forças tendem a se concentrar muito no intelectual, de forma que não sobra energia para o centro cardíaco e chakras inferiores. Com o chakra laríngeo sendo usado quase exclusivamente para a expressão de idéias e o coronário, provavelmente, sentido como se não existisse, tais pessoas acabam desenvolvendo um enorme chakra frontal.

Outra razão para se viver desse jeito é a ocorrência de fatos que levaram a pessoa a descuidar-se deliberadamente de funções, tais como sentimento, sensação e intuição. Tendo declarado o pensamento como única forma confiável e interessante de auto-expressão para a raça humana, ela se retira em uma torre de marfim. Lá, sua falta de compaixão (função do cardíaco) e sensação de solidariedade com seus companheiros humanos (chakras inferiores) podem levar perigo aos outros e criar problemas de relacionamentos para ela mesma.

Outra razão comum para que as pessoas sejam levadas por seu chakra frontal é terem sido profundamente feridas de alguma maneira. Fechar, ou mesmo congelar, o chakra cardíaco pode ter se apresentado como a única maneira de torná-las impenetráveis à dor. A subseqüente perda das riquezas da vida parecerá sem importância se comparado à segurança adquirida por viver no intelecto.

O Ritual

Deite-se no chão, rodeado por colaboradores, cada um deles segurando uma almofada. Peça-lhes que coloquem as almofadas na sua face. Se isso não o amedrontar e ajudar a convencê-lo de que o, até agora, onipotente centro da cabeça tenha sido totalmente degradado, peça para que os colaboradores apertem as almofadas. Torne-se realmente consciente de cada chakra em seu corpo, incluindo o coronário, se ele for real para você.

Após alguns momentos, levante-se, espalhando as almofadas ao seu redor e declarando: "Não sou mais predominantemente identificado com a minha cabeça". Com os pés firmemente plantados no chão e os braços estendidos, recite lentamente os nomes dos sete chakras, começando pelo básico, e afirmando, ao fazer isso, que você não mais ignora a existência de qualquer um deles — embora possa achar os problemas deles difíceis ou desagradáveis.

No entanto, não se comprometa a fazer essa grande mudança muito rápida ou drasticamente. Em vez de apressar as coisas, isso irá retardá-las.

Se o desenvolvimento excessivo do seu chakra frontal tiver se originado de uma experiência que fez você congelar seu centro do coração, essa parte final do ritual pode parecer-lhe ameaçadora. Se isso acontecer, termine a cerimônia simplesmente assegurando aos seus colaboradores que você irá deixar seu cardíaco desdobrar-se lentamente.

Se, no entanto, quiser continuar, fique com seus colaboradores em um círculo ao seu redor. Vá até cada um deles e, mantendo contato visual, coloque sua mão no coração dele e a dele, no seu coração. Isso pode ser feito tanto em silêncio quanto acompanhado por uma frase como: "Meu coração é o meio pelo qual devo me expressar agora. Ele se desperta ao coração dos outros". Se quiser que seus colaboradores respondam, eles devem dizer algo como: "Meu coração dá boas-vindas ao seu recém-acordado coração".

Quando isso tiver terminado, saia da sala.

Desafaça o ritual.

Preparação

Em uma sala, coloque uma manta para que você possa se deitar. Tenha um número de almofadas igual ao número de colaboradores.

Recapitulando

- Deite-se na manta.
- Os colaboradores colocam a almofada na sua cabeça.
- Conscientize-se de cada um dos seus chakras.
- Levante-se e espalhe as almofadas.
- Diga os nomes dos sete chakras e comprometa-se em desenvolvê-los.
- Termine o ritual aqui ou continue com a parte final.
- Dirija-se a cada um dos seus colaboradores e declare que seu coração será, de agora em diante, o centro do seu ser.
- Saia da sala.
- Desfaça o ritual.

Corrigindo chakras desequilibrados — 2

Embora seja perfeitamente possível viver uma vida socialmente aceitável sem desenvolver o chakra frontal, uma vez que o seu plexo solar tenha se expandido até certo ponto, ele precisará de um chakra com uma visão mais ampla para contrabalançá-lo.

Pessoas que ainda não providenciaram esse contrapeso experimentarão problemas, especialmente se seus chakras cardíacos também estiverem fechados. Como trabalham exclusivamente com sua personalidade e força, tais pessoas costumam ser rígidas, buscadoras de poder e, possivelmente, até cruéis. Se, por outro lado, seus chakras cardíacos estiverem funcionando em conjunção com o plexo solar, mas não tiverem o suporte do chakra frontal para fornecer-lhes bom senso e visão, essa energia do coração será expressada como sentimentalismo e suas decisões serão ditadas por caprichos ou até histeria. Irão agir com cordialidade impulsiva, mas sem pensar nas conseqüências.

Ambos os grupos irão menosprezar os intelectuais, qualificando-os como "sonhadores", dando valor apenas àqueles que "fazem as coisas". Todos irão criar constantes dificuldades pela sua falta de totalidade.

O Ritual

Deite-se no chão e peça que seus colaboradores cubram o seu plexo solar com almofadas. Fique deitado por alguns minutos, tentando imaginar-se agindo com uma combinação mais equilibrada de chakras. Respire profundamente em cada um deles, dizendo as suas características. Quando se levantar, afaste as almofadas e faça uma declaração, como: "É por meio dos meus chakras frontal e laríngeo que eu quero, agora, comunicar-me com meus companheiros humanos". Se sentir que também é o momento de conscientizar-se de seu chakra coronário, pode declarar algo como: "É por meio do meu chakra coronário que aspiro a Deus".

Se se sentir pronto para realizar a segunda parte do ritual, dirija-se a cada um de seus colaboradores e, colocando a mão na face um do outro, reconheça que você quer começar a manifestar uma qualidade de mente mais ampla.

Saia da sala e desfaça o ritual.

Preparação

Coloque uma manta para deitar-se.
Coloque quantas almofadas for o número de seus colaboradores.

Recapitulando

- Deite-se no chão.
- Seus colaboradores cobrem seu plexo solar com almofadas.
- Imagine-se agindo por diferentes chakras; diga todas as características deles.
- Levante-se e afaste as almofadas, declarando o intento.
- Se quiser terminar o ritual aqui, saia da sala.
- Se for continuar, dirija-se a cada um dos colaboradores e, com a mão um na face do outro, faça uma declaração sobre a qualidade de mente que quer manifestar agora.
- Saia da sala.
- Desfaça o ritual.

MADRAS® Editora — CADASTRO/MALA DIRETA

Envie este cadastro preenchido e passará receber informações dos nossos lançamentos, nas áreas que determinar.

Nome _____

Endereço Residencial _____

Bairro _____ Cidade _____

Estado _____ CEP _____ Fone _____

E-mail _____

Sexo ☐ Fem. ☐ Masc. Nascimento _____

Profissão _____ Escolaridade (Nível/curso) _____

Você compra livros:

☐ livrarias ☐ feiras ☐ telefone ☐ reembolso postal
☐ outros: _____

Quais os tipos de literatura que você LÊ:

☐ jurídicos ☐ pedagogia ☐ romances ☐ espíritas
☐ esotéricos ☐ psicologia ☐ saúde ☐ religiosos
☐ outros: _____

Qual sua opinião a respeito desta obra? _____

_____

Indique amigos que gostariam de receber a MALA DIRETA:

Nome _____

Endereço Residencial _____

Bairro _____ CEP _____ Cidade _____

Nome do LIVRO adquirido: Rituais e Cerimôniais para o Dia-a-Dia

MADRAS Editora Ltda.

Rua Paulo Gonçalves, 88 - Santana - 02403-020 - São Paulo - SP
Caixa Postal 12299 - 02098-970 - S.P.
Tel.: (0_ _11) 6959.1127 - Fax: (0_ _11) 6959.3090
http://www.madras.com.br

Para receber catálogos, lista de preços
e outras informações escreva para:

MADRAS®
Editora

Rua Paulo Gonçalves, 88 — Santana
02403-020 — São Paulo — SP
Tel.: (0_ _11) 6959.1127 — Fax: (0_ _11) 6959.3090
http://www.madras.com.br